O pequeno Hans

Análise da fobia de um menino
de cinco anos

Livros de Freud publicados pela **L&PM** EDITORES

Além do princípio de prazer
Análise da fobia de um menino de cinco anos [O pequeno Hans]
Compêndio da psicanálise
Da história de uma neurose infantil [O Homem dos Lobos]
Fragmento de uma análise de histeria [O caso Dora]
Inibição, sintoma e medo
A interpretação dos sonhos
O futuro de uma ilusão
O homem Moisés e a religião monoteísta
O mal-estar na cultura
Observações psicanalíticas sobre um caso de paranoia (dementia paranoides) *descrito autobiograficamente [O caso Schreber]*
Psicologia das massas e análise do eu
Sobre a psicopatologia da vida cotidiana
Totem e tabu

L&PMCLÁSSICOS**MODERNOS**
O futuro de uma ilusão seguido de *O mal-estar na cultura*

Série Ouro:
A interpretação dos sonhos

Livros relacionados

Freud – Chantal Talagrand e René Major (**L&PM** POCKET Biografias)

A interpretação dos sonhos (MANGÁ)

Sigmund Freud – Paulo Endo e Edson Sousa (**L&PM** POCKET **ENCYCLOPAEDIA**)

SIGMUND FREUD

O pequeno Hans

Análise da fobia de um menino de cinco anos

Tradução do alemão de Renato Zwick
Apresentação de Noemi Moritz Kon e Thiago P. Majolo
Ensaio biobibliográfico de Paulo Endo e Edson Sousa

L&PM EDITORES

Texto de acordo com a nova ortografia.
Título original: *Analyse der Phobie eines fünfjährigen Knaben ["Der kleine Hans"]*

Tradução: Renato Zwick
Tradução baseada no vol. 8 da *Freud-Studienausgabe*, 12ª ed. corrigida, Frankfurt am Main, Fischer, 2007, p. 13-123
Apresentação: Noemi Moritz Kon e Thiago P. Majolo
Ensaio biobibliográfico: Paulo Endo e Edson Sousa

Capa: Ivan Pinheiro Machado sobre foto de Sigmund Freud
Preparação: Patrícia Yurgel
Revisão: Nanashara Behle

CIP-Brasil. Catalogação na publicação
Sindicato Nacional dos Editores de livros, RJ

F942p

Freud, Sigmund, 1856-1939
O pequeno Hans: análise da fobia de um menino de cinco anos / Sigmund Freud ; tradução do alemão Renato Zwick ; apresentação de Noemi Moritz Kon, Thiago P. Majolo ; ensaio biobibliográfico de Paulo Endo, Edson Sousa. – 1. ed. – Porto Alegre [RS]: L&PM, 2022.
224 p. ; 21 cm.

Tradução de: *Analyse der Phobie eines fünfjährigen Knaben ["Der kleine Hans"]*
ISBN 978-65-5666-267-1

1. Fobias em crianças - Estudo de casos. 2. Psicanálise infantil - Estudo de casos. I. Zwick, Renato. II. Kon, Noemi Moritz. III. Majolo, Thiago P. IV. Endo, Paulo. V. Souza, Edson. VI. Título.

22-77096   CDD: 618.9285225
                 CDU: 616.89-008.441.1-053.2

Meri Gleice Rodrigues de Souza - Bibliotecária - CRB-7/6439

© da tradução, ensaios e notas, L&PM Editores, 2022

Todos os direitos desta edição reservados a L&PM Editores
Rua Comendador Coruja, 314, loja 9 – Floresta – 90.220-180
Porto Alegre – RS – Brasil / Fone: 51.3225.5777

PEDIDOS & DEPTO. COMERCIAL: vendas@lpm.com.br
FALE CONOSCO: info@lpm.com.br
www.lpm.com.br

Impresso no Brasil
Verão de 2023

Sumário

Itinerário para uma leitura de Freud
Paulo Endo e Edson Sousa 7

Apresentação
  Pequeno Hans, grande explorador
  Noemi Moritz Kon e Thiago P. Majolo 17

ANÁLISE DA FOBIA DE UM MENINO
DE CINCO ANOS [O PEQUENO HANS]
  I. Introdução 39
  II. História clínica e análise 61
  III. Epícrise 162

Pós-escrito à análise do pequeno Hans (1922) 215

Bibliografia 217

Colaboradores desta edição 220

Itinerário para uma leitura de Freud
Paulo Endo e Edson Sousa

Freud não é apenas o pai da psicanálise, mas o fundador de uma forma muito particular e inédita de produzir ciência e conhecimento. Ele reinventou o que se sabia sobre a alma humana (a psique), instaurando uma ruptura com toda a tradição do pensamento ocidental, a partir de uma obra em que o pensamento racional, consciente e cartesiano perde seu lugar exclusivo e egrégio. Seus estudos sobre a vida inconsciente, realizados ao longo de toda a sua vasta obra, são hoje referência obrigatória para a ciência e para a filosofia contemporâneas. Sua influência no pensamento ocidental é não só inconteste como não cessa de ampliar seu alcance, dialogando com e influenciando as mais variadas áreas do saber, como a filosofia, as artes, a literatura, a teoria política e as neurociências.

Sigmund Freud (1856-1939) nasceu em Freiberg (atual Příbor), na região da Morávia, hoje parte da República Tcheca, mas àquela época parte do Império Austríaco. Filho de Jacob Freud e de sua terceira esposa, Amália Freud, teve nove irmãos – dois do primeiro casamento do pai e sete do casamento entre seu pai e sua mãe. Sigmund era o filho mais velho de oito irmãos e era sabidamente adorado pela mãe, que o chamava de "meu Sigi de ouro".

Em 1860, Jacob Freud, comerciante de lãs, mudou-se com a família para Viena, cidade onde Sigmund Freud residiria até quase o fim da vida, quando teria de se exilar em Londres, fugindo da perseguição nazista. De família pobre, formou-se em medicina em 1882. Devido a sua precária situação financeira, decidiu ingressar imediatamente na clínica médica em vez de se dedicar à pesquisa, uma de suas grandes paixões. À medida que se estabelecia como médico, pôde pensar em propor casamento para Martha Bernays. Casaram-se em 1886 e tiveram seis filhos: Mathilde, Martin, Oliver, Ernst, Sophie e Anna.

Embora o pai tenha lhe transmitido os valores do judaísmo, Freud nunca seguiu as tradições e os costumes religiosos; ao mesmo tempo, nunca deixou de se considerar um judeu. Em algumas ocasiões, atribuiu à sua origem judaica o fato de resistir aos inúmeros ataques que a psicanálise sofreu desde o início (Freud aproximava a hostilidade sofrida pelo povo judeu ao longo da história às críticas virulentas e repetidas que a clínica e a teoria psicanalíticas receberam). A psicanálise surgiu afirmando que o inconsciente e a sexualidade eram campos inexplorados da alma humana, na qual repousava todo um potencial para uma ciência ainda adormecida. Freud assumia, assim, seu propósito de remar contra a maré.

Médico neurologista de formação, foi contra a própria medicina que Freud produziu sua primeira ruptura epistêmica. Isto é: logo percebeu que as pacientes histéricas, afligidas por sintomas físicos sem causa aparente, eram, não raro, tratadas com indiferença médica e negligência no ambiente hospitalar. A histeria pedia, portanto, uma nova inteligibilidade, uma nova ciência.

A característica, muitas vezes espetacular, da sintomatologia das pacientes histéricas de um lado e, de outro, a impotência do saber médico diante desse fenômeno impressionaram o jovem neurologista. Doentes que apresentavam paralisia de membros, mutismo, dores, angústia, convulsões, contraturas, cegueira etc. desafiavam a racionalidade médica, que não encontrava qualquer explicação plausível para tais sintomas e sofrimentos. Freud então se debruçou sobre essas pacientes; porém, desde o princípio buscava as raízes psíquicas do sofrimento histérico e não a explicação neurofisiológica de tal sintomatologia. Procurava dar voz a tais pacientes e ouvir o que tinham a dizer, fazendo uso, no início, da hipnose como técnica de cura.

Em 1895, é publicado o artigo inaugural da psicanálise: *Estudos sobre a histeria*. O texto foi escrito com o médico Josef Breuer (1842-1925), o primeiro parceiro de pesquisa de Freud. Médico vienense respeitado e erudito, Breuer reconhecera em Freud um jovem brilhante e o ajudou durante anos, entre 1882 e 1885, inclusive financeiramente. *Estudos sobre a histeria* é o único material que escreveram juntos e já evidencia o distanciamento intelectual entre ambos. Enquanto Breuer permanecia convicto de que a neurofisiologia daria sustentação ao que ele e Freud já haviam observado na clínica da histeria, Freud, de outro modo, já estava claramente interessado na raiz sexual das psiconeuroses – caminho que perseguiu a partir do método clínico ao reconhecer em todo sintoma psíquico uma espécie de hieróglifo. Escreveu certa vez: "O paciente tem sempre razão. A doença não deve ser para ele um objeto de desprezo, mas, ao contrário, um adversário respeitável, uma parte do seu ser que tem boas razões de existir e que lhe deve permitir obter ensinamentos preciosos para o futuro".

Em 1899, Freud estava às voltas com os fundamentos da clínica e da teoria psicanalíticas. Não era suficiente postular a existência do inconsciente, uma vez que muitos outros antes dele já haviam se referido a esse aspecto desconhecido e pouco frequentado do psiquismo humano. Tratava-se de explicar seu dinamismo e estabelecer as bases de uma clínica que tivesse o inconsciente como núcleo. Há o inconsciente, mas como ter acesso a ele?

Foi nesse mesmo ano que Freud finalizou aquele que é, para muitos, o texto mais importante da história da psicanálise: *A interpretação dos sonhos*. A edição, porém, trazia a data de 1900. Sua ambição e intenção ao usar como data de publicação o ano seguinte era de que esse trabalho figurasse como um dos mais importantes do século XX. De fato, *A interpretação dos sonhos* é hoje um dos mais relevantes textos escritos no referido século, ao lado de *A ética protestante e o "espírito" do capitalismo*, de Max Weber, *Tractatus Logico-Philosophicus*, de Ludwig Wittgenstein, e *Origens do totalitarismo*, de Hannah Arendt.

Nesse texto, Freud propõe uma teoria inovadora do aparelho psíquico, bem como os fundamentos da clínica psicanalítica, única capaz de revelar as formações, tramas e expressões do inconsciente, além da sintomatologia e do sofrimento que correspondem a essas dinâmicas. *A interpretação dos sonhos* revela, portanto, uma investigação extensa e absolutamente inédita sobre o inconsciente. Tudo isso a partir da análise e do estudo dos sonhos, a manifestação psíquica inconsciente por excelência. Porém, seria preciso aguardar um trabalho posterior para que fosse abordado o papel central da sexualidade na formação dos sintomas neuróticos.

Foi um desdobramento necessário e natural para Freud a publicação, em 1905, de *Três ensaios sobre a teoria da sexualidade*. A apresentação plena das suas hipóteses fundamentais sobre o papel da sexualidade na gênese da neurose (já noticiadas nos *Estudos sobre a histeria*) pôde, enfim, vir à luz, com todo o vigor do pensamento freudiano e livre das amarras de sua herança médica e da aliança com Breuer.

A verdadeira descoberta de um método de trabalho capaz de expor o inconsciente, reconhecendo suas determinações e interferindo em seus efeitos, deu-se com o surgimento da clínica psicanalítica. Antes disso, a nascente psicologia experimental alemã, capitaneada por Wilhelm Wundt (1832-1920), esmerava-se em aprofundar exercícios de autoconhecimento e autorreflexão psicológicos denominados de introspeccionismo.

A pergunta óbvia elaborada pela psicanálise era: como podia a autoinvestigação esclarecer algo sobre o psiquismo profundo tendo sido o próprio psiquismo o que ocultou do sujeito suas dores e sofrimentos? Por isso a clínica psicanalítica propõe-se como uma fala do sujeito endereçada à escuta de um outro (o psicanalista).

A partir de 1905, a clínica psicanalítica se consolidou rapidamente e se tornou conhecida em diversos países, despertando o interesse e a necessidade de traduzir os textos de Freud para outras línguas. Em 1910, a psicanálise já ultrapassara as fronteiras da Europa e começava a chegar a países distantes como Estados Unidos, Argentina e Brasil. Discípulos de outras partes do mundo se aproximavam da obra freudiana e do movimento psicanalítico.

Desde muito cedo, Freud e alguns de seus seguidores reconheceram que a teoria psicanalítica tinha um alcance capaz de iluminar dilemas de outras áreas do conhecimento além daqueles observados na clínica. Um dos primeiros textos fundamentais nesta direção foi *Totem e tabu: algumas correspondências entre a vida psíquica dos selvagens e a dos neuróticos*, de 1913. Freud afirmou que *Totem e tabu* era, ao lado de *A interpretação dos sonhos*, um dos textos mais importantes de sua obra e o considerou uma contribuição para o que ele chamou de psicologia dos povos. De fato, nos grandes textos sociais e políticos de Freud há indicações explícitas a *Totem e tabu* como sendo o ponto de partida e fundamento de suas teses. É o caso de *Psicologia das massas e análise do eu* (1921), *O futuro de uma ilusão* (1927), *O mal-estar na cultura* (1930) e *O homem Moisés e a religião monoteísta* (1939).

O período em que Freud escreveu *Totem e tabu* foi especialmente conturbado, sobretudo porque estava sendo gestada a Primeira Guerra Mundial, que eclodiria em

1914 e duraria até 1918. Esse episódio histórico foi devastador para Freud e o movimento psicanalítico, esvaziando as fileiras dos pacientes que procuravam a psicanálise e as dos próprios psicanalistas. Importantes discípulos freudianos, como Karl Abraham e Sándor Ferenczi, foram convocados para o front, e a atividade clínica de Freud foi praticamente paralisada, o que gerou dissabores extremos à sua família devido à falta de recursos financeiros. Foi nesse período que Freud escreveu alguns dos textos mais importantes do que se costuma chamar a primeira fase da psicanálise (1895-1914). Esses trabalhos foram por ele intitulados de "textos sobre a metapsicologia", ou textos sobre a teoria psicanalítica.

Tais artigos, inicialmente previstos para perfazerem um conjunto de doze, eram parte de um projeto que deveria sintetizar as principais posições teóricas da ciência psicanalítica até então. Em apenas seis semanas, Freud escreveu os cinco artigos que hoje conhecemos como uma espécie de apanhado denso, inovador e consistente de metapsicologia. São eles: "Pulsões e destinos da pulsão", "O inconsciente", "O recalque", "Luto e melancolia" e "Complemento metapsicológico à doutrina dos sonhos". O artigo "Para introduzir o narcisismo", escrito em 1914, junta-se também a esse grupo de textos. Dos doze artigos previstos, cinco não foram publicados, apesar de Freud tê-los concluído: ao que tudo indica, ele os destruiu. (Em 1983, a psicanalista e pesquisadora Ilse Grubrich-Simitis encontrou um manuscrito de Freud, com um bilhete anexado ao discípulo e amigo Sándor Ferenczi, em que identificava "Visão geral das neuroses de transferência" como o 12º ensaio da série sobre metapsicologia. O artigo foi publicado em 1985 e é o sétimo e último texto de Freud sobre metapsicologia que chegou até nós.)

Após o final da Primeira Guerra e alguns anos depois de ter se esmerado em reapresentar a psicanálise em seus fundamentos, Freud publica, em 1920, um artigo avassalador intitulado *Além do princípio de prazer*. Texto revolucionário, admirável e ao mesmo tempo mal aceito e mal digerido até hoje por muitos psicanalistas, desconfortáveis com a proposição de uma pulsão (ou impulso, conforme se preferiu na presente tradução) de morte autônoma e independente das pulsões de vida. Nesse artigo, Freud refaz os alicerces da teoria psicanalítica ao propor novos fundamentos para a teoria das pulsões. A primeira teoria das pulsões apresentava duas energias psíquicas como sendo a base da dinâmica do psiquismo: as pulsões do eu e as pulsões de objeto. As pulsões do eu ocupam-se em dar ao eu proteção, guarida e satisfação das necessidades elementares (fome, sede, sobrevivência, proteção contra intempéries etc.), e as pulsões de objeto buscam a associação erótica e sexual com outrem.

Já em *Além do princípio de prazer*, Freud avança no estudo dos movimentos psíquicos das pulsões. Mobilizado pelo tratamento dos neuróticos de guerra que povoavam as cidades europeias e por alguns de seus discípulos que, convocados, atenderam psicanaliticamente nas frentes de batalha, Freud reencontrou o estímulo para repensar a própria natureza da repetição do sintoma neurótico em sua articulação com o trauma.

Surge o conceito de pulsão de morte: uma energia que ataca o psiquismo e pode paralisar o trabalho do eu, mobilizando-o em direção ao desejo de não mais desejar, que resultaria na morte psíquica. É provavelmente a primeira vez em que se postula no psiquismo uma tendência e uma força capazes de provocar a paralisia, a dor e a destruição.

Uma das principais consequências dessa reviravolta é a segunda teoria pulsional, que pode ser reencontrada na nova teoria do aparelho psíquico, conhecida como segunda tópica, ou segunda teoria do aparelho psíquico (que se dividiria em ego, id e superego, ou eu, isso e supereu), apresentada no texto *O eu e o id*, publicado em 1923. Freud propõe uma instância psíquica denominada supereu. Essa instância, ao mesmo tempo em que possibilita uma aliança psíquica com a cultura, a civilização, os pactos sociais, as leis e as regras, é também responsável pela culpa, pelas frustrações e pelas exigências que o sujeito impõe a si mesmo, muitas delas inalcançáveis. Daí o mal-estar que acompanha todo sujeito e que não pode ser inteiramente superado.

Em 1938, foi redigido o texto *Compêndio da psicanálise*, que seria publicado postumamente em 1940. Freud pretendia escrever uma grande síntese de sua doutrina, mas faleceu no exílio londrino em setembro de 1939, após a deflagração da Segunda Guerra Mundial, antes de terminá-la. O *Compêndio* permanece, então, como uma espécie de inacabado testamento teórico freudiano, indicando a incompletude da própria teoria psicanalítica que, desde então, segue se modificando, se refazendo e se aprofundando.

É curioso que o último grande texto de Freud, publicado em 1939, tenha sido *O homem Moisés e a religião monoteísta*, trabalho potente e fundador que reexamina teses historiográficas basilares da cultura judaica e da religião monoteísta a partir do arsenal psicanalítico. Essa obra mereceu comentários de grandes pensadores contemporâneos como Josef Yerushalmi, Edward Said e Jacques Derrida, que continuaram a enriquecê-la, desvelando não só a herança judaica muito particular de Freud, por ele afirmada e ao mesmo tempo combatida, mas também o alcance da psicanálise no debate sobre os fundamentos da historiografia do judaísmo, determinante da constituição identitária de pessoas, povos e nações.

Esta breve anotação introdutória é certamente insuficiente, pois muito ainda se poderia falar de Freud. Contudo, esperamos haver, ao menos, despertado a curiosidade no leitor, que passará a ter em mãos, com esta coleção, uma nova e instigante série de textos de Freud, com tradução direta do alemão e revisão técnica de destacados psicanalistas e estudiosos da psicanálise no Brasil.

Ao leitor, só nos resta desejar boa e transformadora viagem.

Apresentação
Pequeno Hans, grande explorador
Noemi Moritz Kon e Thiago P. Majolo

As grandes narrativas clínicas de Freud

Dentre os casos clínicos apresentados por Freud ao longo de sua obra, cinco narrativas foram objeto de uma análise mais aprofundada e tiveram a função principal de demonstrar à comunidade científica a validade e as vantagens da utilização de seu método investigativo e psicoterapêutico, configurado e estabelecido, então, como teoria psicológica e psicopatológica. São elas: *Fragmento da análise de um caso de histeria* [O caso Dora] (1905), *Análise de uma fobia em um menino de cinco anos* [O pequeno Hans] (1909), *Notas sobre um caso de neurose obsessiva* [O Homem dos Ratos] (1909), *Observações psicanalíticas sobre um caso de paranoia (dementia paranoides) descrito autobiograficamente* [O caso Schreber] (1911) e *Da história de uma neurose infantil* [O Homem dos Lobos] (1918).

Mais do que apenas um método original de investigação e de tratamento, o projeto de Freud cria um novo homem, com uma nova inteligibilidade: o "homem psicanalítico", dotado de um aparelho psíquico inédito, composto por diferentes instâncias que operam segundo seus próprios princípios de funcionamento. Dividido entre a razão e o não saber, feito de palavras e intensidades que agitam um corpo simbólico e erógeno, este homem, movido por paixões e conflitos, não é senhor em seu castelo. É o funcionamento desse "homem psicanalítico" – em sua arquitetura, dinâmica e economia – que Freud procura materializar por meio das narrativas de casos clínicos. Dessas cinco grandes narrativas, duas foram acompanhadas apenas indiretamente por Freud: o menino Hans foi analisado pelo pai, Max Graf – participante regular das reuniões da Sociedade Psicológica das Quartas-feiras[1] –, sob a supervisão constante de Freud; e a narrativa clínica escrita a partir da autobiografia de Daniel Paul Schreber, *Memórias de um doente dos nervos* (1903), é, à diferença das demais, uma interpretação de Freud sobre o pormenorizado relato dos delírios desse homem que se sentia perseguido por Deus e seus representantes terrenos. Os outros três casos expõem minuciosamente o corpo a corpo da experiência clínica de Freud partilhada com Dora (Ida Bauer), com o Homem dos Ratos (Ernst Lanzer) e com o Homem dos Lobos (Serguei Constantinovitch Pankejeff).

Marcos fundamentais para a psicanálise, as cinco narrativas que deram corpo e robustez às descobertas freudianas originaram ampliações e contribuições singulares. A fortuna crítica amealhada por cada uma delas é imensa: são inúmeros os livros e artigos publicados por

---

1. Criada em 1902 por Sigmund Freud, Alfred Adler, Wilhelm Stekel, Rudolf Reitler e Max Kahane, foi a primeira instituição da história do movimento psicanalítico. Existiu até 1907 e foi substituída pela Wiener Psychoanalytische Vereinigung, modelo para todas as outras sociedades, que seriam reunidas na International Psychoanalytical Association (IPA). Estudiosos de diversas áreas reuniam-se na casa de Freud, para receber seus ensinamentos.

psicanalistas renomados de todas as correntes e línguas; centenas de publicações de outras especialidades, filmes, espetáculos teatrais e exposições de arte foram concebidas a partir da leitura desse material. Ainda hoje, elas são a base para novos subsídios psicanalíticos de ordem teórica, clínica, psicopatológica e técnica.

Com o caso Dora, Freud valida suas teses sobre a origem da neurose, particularmente da histeria – o conflito psíquico entre desejos reprimidos e exigências morais, o recalcamento da sexualidade e a formação do sintoma conversivo como solução de compromisso e satisfação disfarçada.[2]

Análise de uma fobia em um menino de cinco anos expõe, pela primeira vez, a psicanálise de uma criança. O pequeno Hans apresentava como sintomas o pânico de cavalos e o receio de sair à rua. O relato é a oportunidade para Freud reafirmar suas teses em que estabelece os elos entre a sexualidade da primeira infância e a do adulto, tanto na assim denominada sexualidade normal, a genitalidade, como naquilo que se apresenta como psicopatológico.

---

2. O sintoma evidencia a existência de múltiplos e diferentes desejos em nosso psiquismo, desejos, na maior parte das vezes conflitantes, que devem se combinar para que sua produção seja possível. Um sintoma, para a psicanálise, não é algo que deva ou possa ser simplesmente eliminado; é uma engenhosa solução de compromisso entre forças que se opõem e configura uma entidade complexa, capaz de satisfazer, ainda que de maneira disfarçada, desejos inadmissíveis à consciência e que, por isso mesmo, foram recalcados.

O pequeno Hans

Com o caso do Homem dos Ratos, ele busca demonstrar a importância, para a saúde psíquica do adulto, das primeiras relações de objeto, principalmente com os pais, o que confirma a concepção, central para a psicanálise, do Complexo de Édipo e suas implicações: o complexo de castração, as diferenças sexual e geracional. Freud prioriza aqui a ambivalência entre os sentimentos de amor e ódio. O recalcamento do ódio geraria, então, a ansiedade sufocante, motor das dúvidas incessantes, das ruminações, das atuações e contra-atuações, das formações delirantes complexas, ou seja, de toda uma sintomatologia própria ao quadro de terrível sofrimento que configura uma neurose obsessiva.

Com o caso Schreber, Freud emprega seu método de investigação psicanalítica a partir de uma obra escrita – como fez em outras ocasiões sobre textos de Shakespeare, Goethe, Dostoiévski e Jensen, ou sobre obras de artistas como Leonardo da Vinci e Michelangelo. Amplia o raio de ação de suas investidas, aplicando a psicanálise à compreensão da relação entre vida e obra, criando o entendimento de que as produções artísticas e culturais são sobretudo uma formação do inconsciente – assim como um sintoma, um sonho, um esquecimento ou um ato falho – que transforma o desejo sexual proscrito do artista em obra socialmente aceita e valorizada. O caso Schreber permite-lhe expandir a psicanálise para além do campo da neurose, empregando suas proposições no universo da psicose e estabelecendo um vínculo inequívoco entre razão e desrazão, entre normal e patológico.

APRESENTAÇÃO: PEQUENO HANS, GRANDE EXPLORADOR

A quinta e última narrativa é o caso do Homem dos Lobos. Nela, Freud atua como um arqueólogo que vai em busca dos restos materiais da pré-história da neurose obsessiva de seu paciente – as chamadas cenas primordiais. Tais cenas, que teriam ocorrido quando o analisando contava com um ano e meio de idade, desenterradas no processo de psicanálise, fornecem os elementos necessários para que Freud compreenda o significado do padecimento do paciente e determine os nexos causais entre a psiconeurose do adulto e a da criança que ele foi.

Com essas cinco grandes narrativas, Freud ruma da experiência clínica singular e pessoal para a universalização de suas teorias e estabelece uma aplicabilidade para sua terapêutica, que assim passa a alcançar a totalidade do humano: da pré-história à história da espécie, da infância à vida madura, da loucura à sanidade. Partindo das vivências mais íntimas de cada um de nós – dos sonhos, dos sintomas, dos tropeços comezinhos da vida cotidiana –, ele foi capaz de estabelecer também uma compreensão geral para todas as grandes conquistas civilizatórias e culturais humanas: para a ética, para a estética, para a política e para a religião.

É por isso que Sigmund Freud deve ser recebido como figura inescapável do pensamento contemporâneo ocidental. É um instaurador de discursividade, como teoriza Foucault, que determina um modo de pensar que baliza toda nossa compreensão e experiência do mundo, fixando a sexualidade e a destrutividade como as forças por trás das lógicas do prazer e do poder que ordenam as relações humanas.

As vias abertas pelo pequeno Herbert Graf

Nascido na Áustria, em 10 de abril de 1903, filho de Max e Olga Graf, Herbert ficou conhecido na história da psicanálise como um dos casos mais célebres dos escritos clínicos de Freud, o pequeno Hans. Herbert foi um homem de grande prestígio profissional, tendo consagrado a profissão de diretor cênico de ópera como sua invenção e dirigido o Metropolitan Opera de Nova York e a Ópera de Zurique, na Suíça, país em que faleceu em 1973 em decorrência de uma queda, possivelmente ocasionada por sua debilitada condição física resultante de um câncer renal.

Antes de se tornar o pequeno Hans, a entrada de Herbert no círculo psicanalítico aconteceu pela aproximação de seus pais com Sigmund Freud. Primeiro, por meio de sua mãe, Olga, que havia se consultado com ele, e em seguida por intermédio de seu pai, Max, crítico musical, curioso da disciplina que ganhava cada vez mais adeptos em Viena e frequentador das reuniões da Sociedade Psicológica das Quartas-feiras, encontros organizados por Freud com discípulos, admiradores e interessados em psicanálise.

Em 1905, Freud publicara seu polêmico e seminal *Três ensaios de teoria sexual*, em que, pela primeira vez de modo mais aprofundado, trazia à tona a ideia

Apresentação: Pequeno Hans, grande explorador

da sexualidade infantil, teorizando sobre os estágios de desenvolvimento psicossexual pelos quais toda criança passa na primeira infância. Sob o olhar psicanalítico, as crianças saíam de uma condição de meros espectadores passivos dos processos educacionais e civilizatórios para agentes participativos de seu próprio crescimento, aprendizagem e apreensão do mundo. Freud enxergava os pequenos como sujeitos curiosos que transbordavam uma sexualidade ativa e exploradora, calcada nas sensações desconcertantes de prazer e desprazer sentidas na troca sensorial e fantasiosa com outros, adultos ou não. Essa criança descrita pela psicanálise seria um sujeito tomado por pulsões parciais, ainda não regidas pela genitalidade, corolário do desenvolvimento psicossexual. Ou seja, as crianças experimentavam as sensações provenientes da presença sensível de seus corpos no mundo. Freud apresenta, dessa maneira, a experiência da sexualidade perversa polimorfa, essa sexualidade sem organização e sem a primazia da genitalidade, que se dá pela via do autoerotismo, exprimindo-se em atividades sádicas ou masoquistas, voyeurísticas ou exibicionistas, entre outras. Essas vivências infantis teriam como objetivo o relacionar-se com o próprio corpo e com outros corpos, numa tentativa – sempre parcial e frustrada – de compreensão da sexualidade adulta e de eleição de seus objetos sexuais, num complexo processo de construção de suas identificações e da consequente criação de teorias sexuais infantis. Tendo como pano de fundo o atravessamento edípico e a resolução dos conflitos e sentimentos ambivalentes em relação aos pais e cuidadores, as crianças descritas no texto freudiano de 1905 deixavam de ser infantes inocentes para se tornarem exploradores sexuais que, ao estilo de Édipo, carregavam tendências potencialmente parricidas e incestuosas. Acompanhar o desenvolvimento conturbado de uma criança representava para Freud uma oportunidade ímpar de observar ao vivo e a cores a sexualidade dos primeiros tempos, sexualidade essa por ele reencontrada reiteradamente nas narrativas escritas a partir de análises de seus pacientes neuróticos adultos.

Nas reuniões da Sociedade de Quartas-feiras, Freud pedia aos colegas relatos de crianças próximas que comprovassem sua teoria. Foi assim que, em 1906, Max, pai de um menino de quase três anos, Herbert, passou a levar suas preocupações com relação a alguns comportamentos estranhos que observava no pequeno. O intenso diálogo entre Freud e Max se consolidou no primeiro semestre de 1908, período em que aquele assumiu um novo papel clínico como orientador de Max no tratamento do próprio filho (função que, mais tarde, abriria o campo teórico e clínico para a constituição da figura do supervisor no tratamento psicanalítico). O texto que o leitor tem em mãos, em tradução direta do alemão feita com esmero e talento por Renato Zwick, é um dos mais famosos e comentados relatos clínicos de Freud, cujas ideias sobre a constituição das fobias, a teoria da sexualidade infantil e o Complexo de Édipo concorrem para a igualmente importante e revolucionária possibilidade da análise com crianças. Os intensos diálogos entre Max e Herbert, pai e

Apresentação: Pequeno Hans, grande explorador

filho, reproduzidos e comentados por Freud, são ainda hoje um marco incontornável para o desenvolvimento da clínica com crianças, campo de intenso e rico aprofundamento teórico e prático desde Hermine von Hug-Hellmuth, passando por Sophie Morgenstern, Anna Freud, Melaine Klein, Jacques Lacan, Françoise Dolto, Donald D. Winnicott e outros autores das escolas psicanalíticas.

Ao ouvir os relatos de Max sobre o comportamento do filho, Freud, bem ao seu estilo de explorador da psique, passou a ver a oportunidade perfeita para comprovar suas teorias. O pequeno Hans se tornou seu caso modelar, seu pequeno Édipo, aquele cujas muitas perguntas e ações infantis davam ao inventor da psicanálise um protótipo aparentemente perfeito para combater as controvérsias suscitadas por seu texto sobre a sexualidade na criança. O Complexo de Édipo e a sexualidade infantil tornavam-se, cada vez mais, núcleos centrais da obra freudiana, conceitos de base para sua teoria. No desenvolvimento posterior de seu pensamento, podemos cotejar essas ideias em diversos textos, com prevalência e aprofundamento com dois trabalhos mais tardios, *A dissolução do Complexo de Édipo* (1924) e *Algumas consequências psíquicas da distinção anatômica entre os sexos* (1925).

O pequeno Hans, o grande explorador

A história de Hans contada por Freud pode ser retomada, em linhas gerais, como a história de uma descoberta infantil cheia de desventuras. Começa quando, instigado pelas teorias freudianas, Max, pai de Herbert, começa a notar, por volta dos três anos do filho, seu crescente interesse pelo pênis, a que chamava de "fazedor de xixi". Partindo dessa exploração do próprio corpo, o pequeno Hans passa a investigar o mundo, tendo como lupa a pergunta de resposta binária: ter ou não o fazedor de xixi. Dirige-se à mãe sobre seu fazedor de xixi: teria ela ou não? Ela responde de forma afirmativa. Então Hans igualmente enxerga na vaca leiteira um fazedor de xixi, assim como na locomotiva, que soltava água, no cachorro, no cavalo. Mais tarde, o pequeno é surpreendido pela mãe ao se tocar e por ela repreendido sob a ameaça de que, se continuasse a fazê-lo, ela cortaria seu fazedor de xixi. Freud enxerga nesse ponto o início de um complexo de castração, o medo que Hans cria de perder seu fazedor de xixi como punição por suas explorações e prazeres. O pequeno então passa a uma nova fase de compreensão investigativa, em que acredita que a mãe não tem, na verdade, um fazedor de xixi como o do pai, o qual comparava com o do cavalo, um grande fazedor de xixi. Serão os cavalos, animais antes adorados por Hans, seu primeiro objeto fóbico, que primeiramente mobiliza uma angústia em suas incursões na rua.

 Esse primeiro período das aventuras exploratórias de Hans é visto com grande entusiasmo por Freud, e assim ainda o lemos. Muito além de uma vigilância sobre seu corpo, Hans ensina a Freud e a todos nós que é a partir de perguntas simples e de respostas binárias que a criança passa a apreender tanto a diferença sexual quanto a distinção entre objetos animados e inanimados – o pai tem

Apresentação: Pequeno Hans, grande explorador

um fazedor de xixi, uma cadeira não tem. Esse modo de aprendizado, a partir da curiosidade pelo próprio corpo, calcada na sexualidade infantil, é descrito in loco pela primeira vez na narrativa das aventuras e desventuras do pequeno analisando.

Para complicar ainda mais sua situação, Hans ganha uma irmã, Hanna. Ao confrontar a fábula da cegonha com a cena sanguinolenta do parto (a qual reconstruiu mentalmente a partir de detalhes que não lhe fugiram à atenção), Hans passa a duvidar da historieta que lhe contaram. Hanna traz para o irmão uma série de novas dúvidas: de onde vêm os bebês? Por que ela não tem um fazedor de xixi como o dele? Será que o perdeu? O que acontece quando dormimos com uma menina? Devo ou não devo mostrar meu fazedor de xixi? Todas essas questões vão surgindo no relato sobre o filho que Max faz a Freud e que este transcreve e analisa, sempre cotejando cada fala e ação de Hans com sua teoria sobre a sexualidade infantil, exploradora de todos os tipos possíveis de manifestação. Freud enxerga em Hans traços homossexuais e também bissexuais, assim como tendências à poligamia e ao exibicionismo.

Os cavalos até então adorados logo começam a apavorar Hans. Tem medo de que o mordam, que o machuquem, não quer mais sair de casa como antes. Em sua fantasia, os cavalos passam a invadir a casa para pegá-lo, e, sempre que tem medo, ele corre para a cama dos pais onde, segundo Freud, recebe o privilégio do toque e dos carinhos da mãe. Hans então tem um "sonho de punição", nas palavras do psicanalista, em que a mãe, com quem gostava de fazer dengo, ia embora e o deixava. Surge então uma angústia, conceito muito difuso na obra freudiana, mas que aqui ganha uma distinção importante: a angústia está na origem das fobias e caracterizará a constituição destas. Escreve Freud que a libido, uma vez recalcada – ou seja, uma vez frustrada em suas incursões –, se transformaria em angústia, uma sensação sem objeto, uma espécie de pânico que invade o corpo e que inicia a busca por um novo objeto com que se satisfazer. No caso de Hans, sua fobia a cavalos seria, assim, uma primeira resposta à eclosão da angústia de castração, uma estratégia para contorná-la, dando-lhe um novo objeto, para então poder lidar com ela: se posso fugir do cavalo/pai a quem temo, posso impedir, assim, que esse animal voraz, com quem rivalizo, me machuque e posso permanecer perto de mamãe, sem sofrer punições por tal desejo.

Hans reanimaria então, em seu desenvolvimento individual, o mito edipiano, mas, no lugar da tragédia (parricídio e incesto), dramatizaria a história em busca de novas soluções. Se, por um lado, é o amado/temido pai que salva a criança de ter que perpetuar o destino do incesto, uma vez que barra o acesso da criança à mãe, por outro, o progenitor se torna seu maior rival. A mãe, por sua vez, seria o primeiro objeto de amor que, uma vez negado, se transformaria também em objeto odioso. Toda essa trama complexa, apenas resumida aqui em grossas linhas, mobiliza os afetos de tal forma que, uma vez mal resolvido, o drama pode, como no caso de Hans, provocar angústias desconcertantes. É nesse relato que Freud, de modo mais assertivo, designa a angústia como uma espécie de força sem objeto, algo que se liberta dos caminhos traçados na trajetória individual de cada sujeito para tentar novamente se religar, desta vez de modo mais satisfatório (ou, dito de outra forma, de modo a estabelecer soluções menos incapacitantes para o sujeito). Podemos então enxergar a fobia não apenas como uma condição patológica causadora de muito sofrimento, mas como uma solução possível para a conjectura do momento. Desta forma, ao se reabrir via tratamento psicanalítico o processo de aventuras e desventuras da libido, Freud fazia crer que essa força libidinal remobilizada poderia se realocar, ser transformada e encontrar novas soluções.

A fim de tratar essa fobia de Hans, Freud passa a fazer sugestões, a dar orientações a seu pai, como, por exemplo, de que ele inicie a educação sexual do filho. O psicanalista parece querer demonstrar e acreditar, nesse ponto do tratamento e também de sua teorização, que a conversa aberta com as crianças sobre a sexualidade humana, principalmente no momento em que elas se mostram curiosas e atentas ao tema, seria a maneira mais eficaz para que elas possam elaborar suas próprias questões, a partir de um novo repertório, em diálogo com suas próprias fantasias. Freud sugere que, ainda que o amadurecimento e a compreensão mais ampla dessa questão possam vir apenas com o tempo e com a experiência de cada um, a tomada de consciência e o conhecimento educacional acerca da sexualidade poderiam mitigar fantasias aterrorizantes.

A fobia de Hans prossegue seu caminho exploratório em busca de novos objetos e vai se deslocando, como é comum vermos em relatos de fobia: os objetos fóbicos vão mudando, ganhando outras características, em equivalências simbólicas. Em vez de cavalos, Hans passa a temer animais grandes em geral, sempre curioso com o fazedor de xixi deles.

Em 30 de março de 1908, Max leva o pequeno Hans ao consultório de Freud. É a única vez que eles se encontram durante o tratamento, numa consulta breve, mas reveladora. Ao questionar sobre um dos traços dos equinos que provocava medo em Hans, o das bocas com um negrume em volta, o psicanalista percebe um traço paterno: o bigode de Max. Começam aí a se completar, sob a pena de Freud, todos os elementos que corroboram sua teoria edipiana. Mais tarde, quando Hans passa a não apenas temer cavalos, mas que eles caiam e se machuquem, Freud completa seu esquema edipiano: Hans desejava/temia a queda/morte do pai para ter acesso direto à mãe. Recalcado esse desejo complexo e ambivalente, ele retornaria numa fobia primeiramente do objeto amado – os cavalos –, para depois, ao longo do tratamento, ir se deslocando a outros objetos e cenas até sua dissolução, não sem antes percorrer todo o caminho do investimento em direção à mãe, até se tornar explícito e verbalizado. Sua fantasia final, a solução provisória encontrada para seus conflitos, seria a de que seu pai acabaria por ser o avô dos

Apresentação: Pequeno Hans, grande explorador

filhos que ele, Hans, teria com a mãe. E assim, de modo mais satisfatório, enxerga Freud, a criança abandona sua fase exploradora para adentrar o que a teoria freudiana chamará de *fase de latência*. Esta durará até o início da puberdade, momento em que o sujeito terá novamente que se deparar com a força de sua sexualidade, com seus dilemas, mas então com mais recursos biológicos e psíquicos para encontrar novas soluções.

Novos e estranhos "remédios"

Ao final de seu relato sobre o pequeno Hans, Freud defende a análise de crianças e o tratamento por ele orientado. Debatendo-se com possíveis críticas de que um tratamento assim precoce poderia mais induzir uma sugestão médica do que propriamente uma revelação e a cura de conflitos existentes, e de que poderia ser prejudicial trazer à luz todos esses dilemas infantis, Freud se ancora, como recorrentemente o fez, em Shakespeare. Citando uma passagem da peça *Muito barulho por nada*, afirma que os médicos que não se ocupam com as doenças no momento de sua ocorrência atuam como o personagem Holzapfel, que aconselha a guarda de ronda a ficar longe dos ladrões que porventura encontrar.

É interessante o fato de Freud escolher exatamente essa peça de Shakespeare, que, num tom cômico, cria situações adversas aos personagens simplesmente para resolvê-las depois como se nada fosse, apenas uma traquinagem que faz a narrativa ocorrer. Não cabe aqui analisar a peça, mas essa deliciosa trama de Shakespeare, no que ela tem de mais banal e genial, lembra um tanto o relato do pequeno Hans. Por muitas vezes o leitor já familiarizado com as tantas escolas e teorias contemporâneas sobre a psicanálise com crianças poderá sentir que não se precisaria fazer tanto barulho por quase nada. *Quase* porque uma fobia é sempre objeto de preocupação, evidentemente. Mas, para os olhos contemporâneos, o relato pode trazer algum incômodo, pois nos parece que bastava o pai ou mesmo Freud apenas acompanhar, incentivar, apoiar as explorações de Hans, ou seja, brincar com ele – como muito mais tarde mostrou a teoria de Winnicott e de toda a escola inglesa de psicanálise –, para que o pequeno pudesse encontrar suas próprias soluções conflitivas. Como quando as crianças começam a duvidar da existência do Papai Noel e são elas mesmas, com suas suspeitas, investigações, fracassos e posterior solução, que promovem o deslocamento de suas preocupações e interesses, tendo enriquecido, no meio-tempo, seu campo simbólico, seus recursos investigativos, sua veia exploradora, tão essencial para a constituição da criatividade também na vida adulta.

Se muitas vezes o relato do pequeno Hans nos soa como uma conversa teórica entre pai e filho, uma hipervalorização das teorias de Freud que encantam Max (o pai preocupado e instigado), temos também que tentar nos colocar no princípio do século XX, momento de início da invenção psicanalítica. Certamente a ideia de uma sexualidade infantil parecia muito estranha, e, para aqueles que viam nessa nova teoria um poder transformador da

Apresentação: Pequeno Hans, grande explorador

sociedade e do tratamento psíquico, o encantamento é compreensível. Como na *Odisseia*, de Homero, que acompanha as longas aventuras de Odisseu para voltar a Ítaca, não haveria narrativa se não se narrassem todos os obstáculos, todas as novas artimanhas do herói para enganar os deuses.

E foi a partir desse relato tão entranhado que a psicanálise pôde pinçar muitas novas ideias e teorias que fazem dela o que é hoje. A psicanálise de crianças, como já dissemos, se inicia com Hans; o uso de desenhos como ilustrações representativas do imaginário e do simbólico, mais tarde usado por Sophie Morgenstern, analisanda de Freud, e por tantas escolas teóricas, também aparece no relato do pequeno explorador; a posição de Freud como um supervisor, hoje figura essencial no tratamento psicanalítico, surge como possibilidade pela primeira vez no constante diálogo entre Freud e Max; e, junto a tudo isso, uma teorização mais fecunda sobre a constituição e o tratamento das fobias, baseada na clínica, ganha um novo estatuto.

A psicanálise, portanto, aparecia no final do século XIX e começo do XX com estranhas teorias e tratamentos; interrogava os alicerces da cultura e promovia debates cada vez mais intensos sobre a constituição dos indivíduos. O pequeno Hans, inserido nesse debate, com suas fobias, interrogações e interesses, presenteou Freud com um caso que corroborava perfeitamente suas ideias. Os conflitos e sintomas psíquicos – antes tão mal compreendidos e, por isso mesmo, tão mal tratados –, que relegavam aos doentes lugares de exclusão e preconceito social, passavam a ser acolhidos, respeitados, compreendidos. Como escreveu Shakespeare também em *Muito barulho por nada*: "Para estranhos males, estranhos remédios".

Referências

FREUD, Sigmund. "Três ensaios sobre a teoria da sexualidade (1905)". In: _____. *Um caso de histeria, Três ensaios sobre sexualidade e outros trabalhos (1901-1905). Edição standard brasileira das obras completas de Sigmund Freud*. Vol. VII. Rio de Janeiro: Imago, 1996.

_____. "A dissolução do Complexo de Édipo (1924)". In: _____. *O ego e o id e outros trabalhos (1923-1925). Edição standard brasileira das obras completas de Sigmund Freud*. Vol. XIX. Rio de Janeiro: Imago, 1996.

_____. "Algumas consequências psíquicas da distinção anatômica entre os sexos (1925)". In: _____. *O ego e o id e outros trabalhos (1923-1925). Edição standard brasileira das obras completas de Sigmund Freud*. Vol. XIX. Rio de Janeiro: Imago, 1996.

GAY, Peter. *Freud, uma vida para nosso tempo*. Trad. Denise Bottmann. São Paulo: Companhia das Letras, 1989.

ROUDINESCO, Elisabeth. *Sigmund Freud, na sua época e em nosso tempo*. Trad. André Telles. Rio de Janeiro: Zahar, 2016.

_____.; Plon, Michel. *Dicionário de psicanálise.* Trad. Vera Ribeiro e Lucy Magalhães. Rio de Janeiro: Jorge Zahar, 1998.

SHAKESPEARE, W. *Muito barulho por nada.* Trad. Beatriz Viégas-Faria. Porto Alegre: L&PM, 2002.

O pequeno Hans

Análise da fobia de um menino
de cinco anos

I
Introdução

A história clínica e de cura de um paciente bastante jovem a ser apresentada nas páginas seguintes não provém, estritamente falando, de minha observação. É verdade que orientei o plano do tratamento em seu todo e que também intervim pessoalmente, uma única vez, num diálogo com o menino; porém, o tratamento propriamente dito foi realizado pelo pai do pequeno, a quem estou muitíssimo agradecido por ceder-me suas anotações para fins de publicação. No entanto, o mérito do pai vai além; creio que outra pessoa não teria conseguido de forma alguma levar a criança a tais confissões; o conhecimento de causa, graças ao qual o pai soube interpretar as manifestações do filho de cinco anos, não poderia ser substituído, as dificuldades técnicas de uma psicanálise em tão tenra idade teriam permanecido insuperáveis. Apenas a união das autoridades paterna e médica numa só pessoa, a coincidência nesta do interesse afetuoso com o científico possibilitaram neste único caso encontrar para o método uma aplicação para a qual, de outro modo, ele não seria apropriado.

Porém, o valor especial dessa observação repousa no seguinte: o médico que trata psicanaliticamente um paciente nervoso adulto chega por fim, graças a seu trabalho de descobrir as formações psíquicas camada por camada, a certas hipóteses sobre a sexualidade infantil, em cujos componentes acredita ter encontrado as forças impulsoras de todos os sintomas neuróticos da vida posterior. Expus essas hipóteses em meus *Três ensaios de teoria sexual*, publicados em 1905; sei que elas parecem tão estranhas ao leigo quanto parecem imperiosas ao psicanalista. Mas também o psicanalista pode confessar a si mesmo o desejo de uma prova mais direta, obtida por caminho mais curto, daquelas teses fundamentais. Seria mesmo impossível verificar diretamente na criança, em todo o seu frescor vital, aquelas moções sexuais e formações de desejo que no adulto com tanto esforço desencavamos de seus soterramentos, e sobre as quais, além disso, afirmamos serem um bem comum constitucional de todos os seres humanos, apenas mostrando-se reforçadas ou distorcidas no caso do neurótico?

Com tal propósito, há anos costumo incentivar meus discípulos e amigos a coletar observações sobre a vida sexual das crianças, na maioria das vezes habilmente ignorada ou intencionalmente negada. Dentre o material que chegou a minhas mãos em decorrência dessa incitação, as sucessivas notícias sobre o pequeno Hans logo assumiram um lugar de destaque. Seus pais, que estavam ambos entre meus adeptos mais próximos, tinham combinado entre si que não educariam seu primeiro filho com mais coerção do que a absolutamente necessária para a manutenção dos bons costumes, e visto que a criança se tornou um garoto jovial, vivaz e de boa índole, o experimento de deixá-lo crescer e expressar-se

Introdução

sem intimidação assumiu um curso favorável. Reproduzo agora as anotações do pai sobre o pequeno Hans tal como me foram entregues, e, obviamente, irei abster-me de qualquer tentativa de atrapalhar por meio de distorções convencionais a ingenuidade e a sinceridade das maneiras infantis.

As primeiras comunicações sobre Hans datam do tempo em que ainda não completara três anos. Nessa época, através de diversas falas e perguntas, ele expressou um interesse particularmente vivaz pela parte de seu corpo que estava acostumado a chamar de "fazedor de xixi". Assim, ele perguntou certa vez à mãe:

Hans: "Mamãe, também tens um fazedor de xixi?".
Mamãe: "Claro. Por quê?".
Hans: "Só estava pensando".

Na mesma idade, ele entra certa vez numa estrebaria e vê como uma vaca é ordenhada. "Olha, sai leite do fazedor de xixi."

Essas primeiras observações já despertam a expectativa de que muitas coisas, se não a maioria, que o pequeno Hans nos mostra se revelarão típicas do desenvolvimento sexual da criança. Afirmei certa vez[1] que não se precisa ficar muito horrorizado quando se encontra num ser feminino a ideia de sugar o membro masculino. Essa moção chocante teria uma origem bastante inocente, visto que se deriva do ato de sugar o seio materno, no que o úbere da vaca – uma mama segundo sua natureza, um pênis segundo sua forma e posição – assume uma mediação

---
1. *Fragmento de uma análise de histeria* (1905 e).

adequada. A descoberta do pequeno Hans confirma a última parte de minha formulação.

Seu interesse pelo fazedor de xixi não é, entretanto, meramente teórico; como era de se supor, ele também o estimula a tocar o membro. Na idade de três anos e meio, a mãe o encontra com a mão no pênis. Ela ameaça: "Se fizeres isso, mandarei vir o dr. A., que irá cortar o fazedor de xixi. Com o que farás xixi então?".

Hans: "Com o bumbum".

Ele ainda responde sem consciência de culpa, mas nessa ocasião ele adquire o "complexo de castração", que nas análises dos neuróticos tantas vezes precisamos deduzir, ao passo que todos eles se opõem veementemente a reconhecê-lo. Haveria muitas coisas importantes a dizer sobre a importância desse elemento da história infantil. O "complexo de castração" deixou marcas notáveis no mito (e não apenas no grego); toquei de leve em seu papel num trecho de *A interpretação dos sonhos* (p. 385 da segunda edição; sétima edição, p. 456)[2] e ainda em outros textos.[3]

---

2. Capítulo VII, seção F (L&PM POCKET 1061, p. 646). (N.T.)

3. [*Acréscimo de 1923:*] A teoria do complexo de castração experimentou desde então um maior desenvolvimento graças às contribuições de Lou Andreas, A. Stärcke, F. Alexander e outros. Alegou-se que o lactente já sentiria cada retirada do seio materno como castração, isto é, como perda de uma parte significativa do corpo, contada entre suas posses, que ele não consegue avaliar diferentemente a entrega regular dos excrementos e até que o ato do nascimento, como separação da mãe, com quem até ali fora um só, é o modelo de toda castração. Reconhecendo todas essas raízes do complexo, apresentei contudo a exigência de que o nome *complexo de castração* seja limitado (continua na p. 43)

Introdução

Mais ou menos com a mesma idade (três anos e meio), ele exclama diante da jaula dos leões em Schönbrunn[4], alegremente excitado: "Eu vi o fazedor de xixi do leão".

Os animais devem uma boa parte da importância que têm no mito e no conto de fadas à espontaneidade com que mostram seus genitais e suas funções sexuais ao pequeno ser humano ávido de saber. A curiosidade sexual de nosso Hans por certo não admite dúvidas, mas ela também o transforma em pesquisador, permite-lhe conhecimentos conceituais acertados.

Na estação ferroviária, aos três anos e nove meses, ele vê uma locomotiva soltando água. "Olha, a locomotiva faz xixi. Onde fica o fazedor de xixi dela?"

Após um momento, ele acrescenta pensativamente: "Um cachorro e um cavalo têm um fazedor de xixi; uma mesa e uma cadeira, não". Assim ele obtém uma característica essencial para distinguir o vivo do inanimado.

(cont. da p. 42) às excitações e aos efeitos ligados à perda do pênis. Quem se convenceu nas análises de adultos da indefectibilidade do complexo de castração, naturalmente achará difícil remontá-lo a uma ameaça casual e não tão universal, e precisará supor que a criança constrói esse perigo com base nas mais ligeiras alusões, que, afinal, jamais faltam. Esse é também o motivo que forneceu a incitação para buscar as raízes mais profundas, universalmente existentes, do complexo. Porém, tão mais valioso se torna o fato de os pais relatarem a ameaça de castração no caso do pequeno Hans, e num momento em que sua fobia ainda não estava em questão.
4. Parque de Viena. (N.T.)

Avidez de saber e curiosidade sexual parecem ser inseparáveis uma da outra. A curiosidade de Hans estende-se de modo bem especial aos pais.

Hans, aos três anos e nove meses: "Papai, também tens um fazedor de xixi?".

Pai: "Sim, é claro".

Hans: "Mas eu nunca o vi quando tiras a roupa".

Noutra ocasião, ele olha atentamente a mãe se despindo antes de ir para a cama. Ela pergunta: "O que estás olhando tanto?".

Hans: "Só estou olhando se também tens um fazedor de xixi".

Mamãe: "Claro que tenho. Não sabias?".

Hans: "Não, pensei que porque és tão grande tens um fazedor de xixi como o de um cavalo".

Queremos registrar essa expectativa do pequeno Hans; ela adquirirá importância mais tarde.

No entanto, o grande acontecimento na vida de Hans foi o nascimento da irmãzinha Hanna, exatamente quando ele tinha três anos e meio (abril de 1903 a outubro de 1906). Seu comportamento nessa ocasião foi imediatamente anotado pelo pai:

> Cedo, por volta das cinco, com o início das dores do parto, a cama de Hans é levada ao quarto adjacente; é aí que ele acorda em torno das sete horas e ouve os gemidos da parturiente, ao que ele pergunta: "Por que a mamãe está tossindo?". Depois de uma pausa: "Hoje a cegonha certamente vem".

Naturalmente, fora-lhe dito muitas vezes nos últimos dias que a cegonha traria uma menininha ou um menininho, e ele faz uma ligação inteiramente correta entre os gemidos incomuns e a chegada da cegonha. Mais tarde, ele é levado à cozinha; no vestíbulo, ele vê a maleta do médico e pergunta: "O que é isso?", ao que lhe é dito: "Uma maleta". Ele, então, diz convicto: "Hoje a cegonha vem". Após o parto, a parteira vem à cozinha e Hans escuta como ela ordena preparar um chá, ao que ele diz: "Ah, tá, a mamãe vai ganhar um chá porque está tossindo". Então ele é chamado ao quarto, mas não olha para a mamãe, e sim para os recipientes com água tingida de sangue, que ainda se encontram no quarto, e observa com estranheza, apontando para o penico ensanguentado: "Mas do meu fazedor de xixi não sai sangue".
Todas as suas declarações mostram que ele relaciona o incomum da situação com a chegada da cegonha. Para tudo o que vê, ele faz uma cara muito desconfiada, apreensiva, e, *sem dúvida, estabeleceu-se nele a primeira desconfiança em relação à cegonha.*
Hans fica com muito ciúme da recém-chegada e, quando alguém a elogia, acha bonita etc., logo diz com desdém: "Mas ela ainda não tem dentes".[5]

---

5. De novo, um comportamento típico. Um outro irmão, apenas dois anos mais velho, costumava manifestar sua recusa nas mesmas circunstâncias com irritação, gritando "pequena demais, pequena demais".

É que ao vê-la pela primeira vez ele ficou muito surpreendido por ela não poder falar, e achou que não podia fazê-lo por lhe faltarem os dentes. Obviamente, ele é bastante preterido nos primeiros dias e adoece subitamente de angina. Em meio à febre, ouve-se que ele diz: "Mas eu não quero ter uma irmãzinha!".

Depois de mais ou menos um meio ano o ciúme foi superado, e ele se torna um irmão tão terno quanto consciente de sua superioridade.[6]

Um pouco mais tarde, Hans assiste como dão banho na irmã de uma semana de idade. Ele observa: "Mas o fazedor de xixi dela ainda é pequeno", e acrescenta à maneira de consolo: "Quando ela crescer, ele já vai ficar grande".[7]

---

6. "Pois que a cegonha o leve de volta", disse outra criança, um pouco mais velha, para dar as boas-vindas ao irmãozinho. Ver a propósito o que observei em *A interpretação dos sonhos* acerca de sonhos com a morte de familiares queridos (capítulo V, seção D, subseção β [L&PM Pocket 1060, p. 270]).

7. O mesmo juízo, expresso em palavras idênticas e seguido pela mesma expectativa, me foi relatado acerca de dois outros meninos quando tiveram pela primeira vez a possibilidade de observar com curiosidade o corpo de uma irmãzinha. Poderíamos ficar assustados com essa ruína precoce do intelecto infantil. Por que esses jovens pesquisadores não constatam o que realmente veem, a saber, que não há um fazedor de xixi? No caso de nosso pequeno Hans, contudo, podemos fornecer a explicação completa de sua percepção falha. Sabemos que ele obteve por cuidadosa indução a tese geral de que todo ser animado, em oposição ao inanimado, possui um fazedor de xixi; a mãe o fortaleceu (continua na p. 47)

Introdução

Na mesma idade, aos três anos e nove meses, Hans fornece a primeira narrativa de um sonho. "Hoje, quando dormi, achei que estava em Gmunden[8] com a Mariedl."
Mariedl é a filha de treze anos do senhorio, filha que brincou com ele muitas vezes.

(cont. da p. 46) nessa convicção ao dar-lhe informações afirmativas sobre aquelas pessoas que se furtavam à sua própria observação. Ele é absolutamente incapaz, então, de renunciar à sua conquista por causa da única observação feita na irmãzinha. Ele julga, portanto, que o fazedor de xixi também existe neste caso, ainda é muito pequeno, mas crescerá até ter ficado tão grande quanto o de um cavalo.
Queremos fazer algo mais em prol da reabilitação de nosso pequeno Hans. No fundo, ele não se comporta pior do que um filósofo da escola de Wundt. Para tal filósofo, a consciência é a característica que nunca falta ao anímico, assim como para Hans o fazedor de xixi é o distintivo imprescindível de tudo o que é vivo. Bem, se o filósofo topa com processos psíquicos que precisam ser inferidos, mas nos quais realmente não se percebe nada de consciência – pois nada se sabe deles e, mesmo assim, não se pode deixar de deduzi-los –, ele não diz, talvez, que sejam processos psíquicos *in*conscientes, mas chama-os de *obscuramente conscientes*. O fazedor de xixi ainda é muito pequeno! E nessa comparação a vantagem ainda está do lado de nosso pequeno Hans. Pois, como é tão frequente nas investigações sexuais das crianças, também aqui, escondida por trás do erro, há uma parcela de conhecimento correto. A menininha também tem um pequeno fazedor de xixi que chamamos de clitóris, ainda que não cresça, mas permaneça atrofiado. (Ver meu pequeno trabalho "Sobre as teorias sexuais infantis", 1908 *c*.)
8. Lugar de férias no Salzkammergut, região alpina da Áustria. (N.T.)

Quando o pai conta o sonho à mãe na presença do menino, Hans observa, fazendo uma retificação: "Não com a Mariedl, completamente sozinho com a Mariedl". A propósito disso, cabe observar:

> No verão de 1906, Hans estivera em Gmunden, onde passava o dia na companhia dos filhos do senhorio. Quando partimos de Gmunden, imaginávamos que a despedida e a volta para a cidade lhe seriam difíceis. Surpreendentemente, não foi esse o caso. Pelo visto, ele se alegrava com a mudança e por várias semanas falou muito pouco de Gmunden. Somente após o transcurso de semanas emergiram nele com mais frequência memórias vivamente coloridas do tempo passado em Gmunden. Desde há mais ou menos quatro semanas ele elabora essas recordações transformando-as em fantasias. Ele fantasia estar brincado com as crianças – Berta, Olga e Fritzl –, fala com elas como se estivessem presentes e é capaz de entreter-se assim por horas a fio. Agora, quando ganhou uma irmã e evidentemente o ocupa o problema da origem dos bebês, ele chama Berta e Olga apenas de "minhas crianças", acrescentando certa vez: "Minhas crianças, Berta e Olga, também foram trazidas pela cegonha". O sonho, ocorrido agora, depois de seis meses longe de Gmunden, deve evidentemente ser compreendido como expressão de seu anseio de viajar a Gmunden.

Introdução

    Até aqui o pai; observo, antecipando-me, que com a última declaração sobre as crianças que a cegonha teria trazido, Hans contesta sonoramente uma dúvida sua.
    Felizmente, o pai anotou várias coisas que mais tarde adquiririam um valor insuspeitado.

    Desenho uma girafa para Hans, que nos últimos tempos esteve com frequência em Schönbrunn. Ele me diz: "Desenha também o fazedor de xixi". A isso, digo: "Desenha-o tu mesmo". Então ele acrescenta à imagem da girafa o seguinte traço (ver desenho), fazendo-o curto de início e depois acrescentando um pedaço enquanto observa: "O fazedor de xixi é mais comprido".

Fig. 1

Passo com Hans por um cavalo que urina. Ele diz: "O cavalo tem o fazedor de xixi embaixo, como eu".
Ele assiste como dão banho em sua irmã de três meses e diz lamentosamente: "Ela tem um fazedor de xixi bem, bem pequeno".
Ele recebe uma boneca para brincar, que ele despe. Olha-a com minúcia e diz: "Mas ela tem um fazedor de xixi bem pequeno".

Já sabemos que essa fórmula lhe torna possível sustentar sua descoberta.

Todo pesquisador corre o risco de incidir ocasionalmente em erro. É um consolo quando, como nosso Hans no próximo exemplo, ele não erra sozinho, mas pode invocar o uso da linguagem como justificativa. Pois em seu livro ilustrado ele vê um macaco e aponta para seu rabo enrolado para cima: "Olha, papai, o fazedor de xixi".[9]

Em seu interesse pelo fazedor de xixi, ele imaginou uma brincadeira bem particular.

No vestíbulo encontram-se o sanitário e um escuro depósito de lenha. Há algum tempo, Hans entra no depósito de lenha e diz: "Vou a meu banheiro". Certa vez, olho para dentro a fim de ver o que ele faz no depósito escuro. Ele se exibe e diz: "Eu faço xixi". Isso quer dizer, portanto: ele "brinca" de ir ao banheiro. O caráter de brincadeira se depreende

---

9. O "uso da linguagem" a que se refere Freud consiste neste caso no duplo sentido da palavra *Schwanz*, que pode significar tanto "rabo" quanto, no uso vulgar, "pênis". (N.T.)

Introdução

não só do fato de apenas fingir que faz xixi e não fazê-lo realmente, mas também do fato de que ele não vai ao banheiro, o que na verdade seria muito mais simples, mas prefere o depósito de lenha, que ele chama de "seu banheiro".

Seríamos injustos com Hans se acompanhássemos apenas os traços autoeróticos de sua vida sexual. Seu pai tem a nos comunicar observações detalhadas sobre suas relações amorosas com outras crianças, das quais resulta uma "escolha de objeto" tal como no caso do adulto. No entanto, também uma mobilidade e uma predisposição poligâmica bastante notáveis.

No inverno (aos três anos e nove meses), levo Hans comigo à pista de patinação e o apresento às duas filhinhas de meu colega N., que estão com mais ou menos dez anos de idade. Hans senta-se ao lado delas, que, tomadas pelo sentimento de sua idade madura, olham com bastante desdém para o fedelho, e as contempla cheio de adoração, o que não lhes causa grande impressão. Apesar disso, Hans apenas fala delas como "minhas mocinhas". "Onde é que estão as minhas mocinhas? Quando é que chegam as minhas mocinhas?", e me atormenta em casa por várias semanas com esta pergunta: "Quando irei de novo à pista de patinação com as minhas mocinhas?".

Hans, que agora tem quatro anos, recebe a visita de um primo de cinco. Ele o abraça sem cessar e diz certa vez durante um desses abraços carinhosos: "Como eu gosto de ti".

Esse é o primeiro, mas não o último traço de homossexualidade que encontraremos em Hans. Nosso pequeno Hans parece ser realmente uma personificação de todas as perversidades!

Mudamo-nos para um novo apartamento. (Hans está com quatro anos.) Na cozinha, uma porta leva a uma sacada para bater tapetes, de onde se vê um apartamento, situado defronte, que dá para o pátio. Nesse apartamento Hans descobriu uma mocinha de seus sete ou oito anos. Assim, para admirá-la, senta-se no degrau que leva à sacada de bater tapetes e ali fica sentado por horas a fio. Em especial por volta das quatro da tarde, quando a mocinha volta da escola, não é possível segurá-lo dentro do quarto nem dissuadi-lo de ocupar seu posto de observação. Certa vez, quando a mocinha não aparece na janela à hora costumeira, Hans fica inteiramente inquieto e importuna as pessoas da casa com perguntas: "Quando a mocinha vem? Onde está a mocinha?" etc. Quando ela então aparece, ele fica muito feliz e não tira mais os olhos do apartamento defronte. A veemência com que surge esse "amor à distância"[10] encontra sua explicação no fato de Hans não ter

---

10. W. Busch: Em suma, o amor à distância / Só me inspira repugnância.

Introdução

camaradas nem companheiras de brincadeira. Para o desenvolvimento normal da criança evidentemente se requer trato abundante com outras crianças. Hans passa a tê-lo quando pouco depois (aos quatro anos e meio[11]) viajamos a Gmunden para ali passar o verão. Em nossa casa, seus companheiros de brincadeiras são os filhos do senhorio: Franzl (cerca de doze anos), Fritzl (oito anos), Olga (sete anos), Berta (cinco anos) e, além disso, as crianças da vizinhança: Anna (dez anos) e mais duas meninas de nove e sete anos cujos nomes não recordo mais. Seu favorito é Fritzl, a quem abraça com frequência e declara seu amor. Perguntam-lhe certa vez: "Mas de qual das mocinhas gostas mais?". Ele responde: "Do Fritzl". Ao mesmo tempo, ele é muito agressivo, viril e conquistador com as meninas, abraça-as e enche--as de beijos, o que Berta, em especial, consente de muito bom grado. Quando Berta sai do quarto certa noite, ele envolve seu pescoço com os braços e diz no mais afetuoso dos tons: "Berta, tu és muito querida", o que, aliás, não o impede de também beijar as outras e declarar-lhes seu amor. Ele também gosta de Mariedl, de cerca de catorze anos, outra filha do senhorio que também brinca com ele, e diz certa noite quando é levado para a cama: "Quero que a Mariedl durma comigo". À resposta: "Isso não dá", ele diz: "Então quero que ela durma com a mamãe

---

11. Quatro anos e três meses, segundo os editores da *Freud--Studienausgabe*. (N.T.)

ou com o papai". Respondem-lhe: "Isso também não dá, a Mariedl precisa dormir na casa dos pais dela", e então se desenrola o seguinte diálogo:
Hans: "Então vou descer para dormir na casa da Mariedl".
Mamãe: "Queres realmente ir para longe da mamãe e dormir lá embaixo?".
Hans: "Não, eu subo outra vez de manhã para tomar café e ir ao banheiro".
Mamãe: "Se queres ir realmente para longe do papai e da mamãe, então pega teu casaco e tua calça e... adeus!".
Hans pega realmente suas roupas e se dirige à escada para ir dormir com Mariedl, mas naturalmente é buscado de volta.

(Por trás do desejo: "Quero que a Mariedl durma em nossa casa" está naturalmente este outro: o de que a Mariedl, com quem ele tanto gosta de estar, seja acolhida em nossa casa. Porém, pelo fato de os pais de Hans o levarem para dormir com eles, ainda que não com muita frequência, não há dúvida de que esse deitar lado a lado despertou sensações eróticas nele, e o desejo de dormir na casa da Mariedl também tem seu significado erótico. Estar deitado na cama com o pai ou a mãe é para Hans, como para todas as crianças, uma fonte de moções eróticas.)
Frente ao desafio da mãe, nosso pequeno Hans comportou-se como um autêntico homem, apesar de seus acessos homossexuais.

Introdução

Também no caso a seguir Hans disse à mamãe: "Escuta, gostaria muito de dormir uma vez com a mocinha". Esse caso nos dá muito motivo para divertimento, pois aí Hans realmente se comporta como um adulto que está apaixonado. O restaurante em que almoçamos começou a ser frequentado há alguns dias por uma bonita menina de mais ou menos oito anos, pela qual Hans naturalmente logo se apaixona. Ele se vira constantemente na cadeira para olhá-la de soslaio, depois de comer aproxima-se da menina para coquetear com ela, mas fica enrubescido quando alguém o observa. Se seu olhar é retribuído pela mocinha, ele logo olha envergonhado para o lado oposto. Naturalmente, seu comportamento é uma grande diversão para todos os frequentadores do restaurante. Todo dia, ao ser levado ao restaurante, ele pergunta: "Achas que a mocinha vai estar lá hoje?". Quando ela finalmente chega, ele fica todo vermelho feito um adulto na mesma situação. Certa vez, ele chega felicíssimo até mim e me sussurra ao ouvido: "Escuta, já sei onde a mocinha mora. Em tal e tal lugar, eu a vi subindo as escadas". Enquanto ele se comporta de forma agressiva em relação às mocinhas da casa, nesta situação ele é um adorador platonicamente lânguido. Isso talvez se relacione ao fato de as mocinhas da casa serem crianças de aldeia, mas essa outra ser uma dama cultivada. Já foi mencionado que ele diz certa vez que gostaria de dormir com ela.

Visto que não quero deixar Hans nessa tensão psíquica em que seu amor pela mocinha o colocou, intermediei seu contato com ela e convidei-a para visitá-lo à tarde no jardim, assim que ele tivesse feito sua sesta. Hans fica tão agitado pela expectativa da visita dela que, pela primeira vez, não dorme à tarde, mas se vira, impaciente, de um lado para o outro na cama. A mamãe lhe pergunta: "Por que não dormes? Será que estás pensando na mocinha?", ao que ele diz, contente, "sim". Além disso, ao chegar em casa do restaurante, ele contou a todas as pessoas da casa: "Escuta, hoje a minha mocinha vem aqui", e Mariedl, de catorze anos, relata que ele lhe perguntou sem parar: "Escuta, achas que ela será querida comigo? Achas que ela me dará um beijo se eu a beijar?" etc.

Porém, choveu à tarde e assim a visita não ocorreu, de modo que Hans se consolou com Berta e Olga.

Outras observações, ainda da época das férias de verão, permitem supor que toda sorte de coisas novas se preparava no pequeno.

Hans, aos quatro anos e três meses. Hoje cedo, como todos os dias, a mãe de Hans lhe dá banho, e, depois do banho, seca-o e lhe aplica talco. Quando a mãe aplica talco em seu pênis, e com cautela para não tocá-lo, Hans diz: "Por que não colocas o dedo ali?".

> Mamãe: "Por que é uma porquice".
> Hans: "O que é isso? Uma porquice? Mas por quê?".
> Mamãe: "Porque é indecente".
> Hans (rindo): "Mas é divertido!".[12]

Um sonho de nosso Hans ocorrido mais ou menos nessa mesma época contrasta de modo bastante notável com o atrevimento que ele mostrara em relação à mãe. É o primeiro sonho da criança a se tornar irreconhecível graças à distorção. No entanto, a perspicácia do pai conseguiu extrair-lhe a solução.

> Hans, aos quatro anos e três meses. *Sonho.* Hoje cedo Hans se levanta e conta: "Escuta, esta noite eu pensei: *Alguém diz: quem quer vir à minha casa? Então alguém diz: Eu. Então ele precisa levá-lo para fazer xixi*".
> Perguntas subsequentes esclareceram que faltam elementos visuais a esse sonho, que ele pertence ao *type auditif* puro. Já faz alguns dias, Hans joga jogos de salão e também jogos de prendas com os filhos do senhorio, entre eles suas amigas Olga (sete anos) e Berta (cinco anos). (A.: De quem é a prenda em

---

12. Outra mãe, ela própria neurótica, relata-me uma tentativa parecida de sedução por parte de sua filhinha de três anos e meio, mãe esta que não queria acreditar na masturbação infantil. Ela mandara fazer calcinhas para a pequena e verificava se não estavam muito apertadas nas entrepernas passando a mão, com um movimento para cima, na superfície interior da coxa. A pequena fechou subitamente as pernas em torno da mão e pediu: "Mamãe, deixa a mão ali. É tão bom".

minha mão? B.: É minha. Então se decide o que B. precisa fazer.) O sonho imita esse jogo de prendas, só que Hans deseja que aquele que pegou a prenda não seja condenado aos usuais beijos ou bofetadas, e sim a fazer xixi, ou melhor: alguém precisa levá-lo para fazer xixi.

Peço para que ele me conte o sonho outra vez; ele o conta com as mesmas palavras, apenas substitui "então alguém diz" por "então ela diz". Esse "ela" é evidentemente Berta ou Olga, com quem ele brincou. Assim, traduzido, o teor do sonho é este: estou jogando um jogo de prendas com as mocinhas. Eu pergunto: quem quer vir à minha casa? Ela (Berta ou Olga) responde: eu. Então ela precisa me levar para fazer xixi. (Ajudá-lo ao urinar, o que evidentemente é agradável a Hans.)

Está claro que o ato de levar para fazer xixi, em que se abre a calça da criança e o pênis é colocado para fora, é carregado de prazer para Hans. Em passeios, é o pai, na maioria das vezes, que presta esse auxílio ao menino, o que dá ocasião à fixação da tendência homossexual no pai.

Dois dias antes, conforme relatado, ele perguntou à mamãe, enquanto ela lavava e aplicava talco na região genital: "Por que não colocas o dedo ali?". Ontem, quando levei Hans para fazer xixi, ele me disse pela primeira vez para levá-lo atrás da casa, de modo que ninguém possa vê-lo, e acrescentou: "Ano passado, quando fiz xixi, a Berta e a Olga ficaram olhando". Creio que isso significa que no ano passado essa observação das meninas lhe era agradável, mas agora não é mais. O prazer exibicionista sucumbe agora ao recalcamento. O fato de o desejo de que Berta e Olga o observem ao fazer xixi (ou o levem para fazer xixi) ser agora recalcado na vida é a explicação para seu aparecimento no sonho, no qual ele criou o belo disfarce com o jogo de prendas. – Desde então, observei repetidamente que ele não quer ser visto ao fazer xixi.

Apenas observo a propósito que também esse sonho se subordina à regra que apresentei em *A interpretação dos sonhos* (p. 283-284, 7ª edição[13]): falas que aparecem no sonho provêm de falas ouvidas ou proferidas pela própria pessoa no dia imediatamente anterior.

Do período que sucedeu imediatamente o retorno à Viena, o pai ainda fixou mais uma observação:

> Hans (quatro anos e meio) assiste novamente ao banho da irmãzinha e começa a rir. Perguntam-lhe: "Por que estás rindo?".
> Hans: "Estou rindo do fazedor de xixi da Hanna".
> "Por quê?"
> "Porque o fazedor de xixi é tão bonito."
> A resposta naturalmente é insincera. O fazedor de xixi parecera-lhe engraçado. De resto, é a primeira

---
13. Capítulo VI, seção F (L&PM Pocket 1061, p. 443). (N.T.)

vez que ele reconhece dessa maneira a diferença entre o genital masculino e o feminino, em vez de negá-la.

II
História clínica e análise

Prezado senhor professor! Envio-lhe outra vez um fragmentozinho sobre Hans, desta vez, infelizmente, contribuições a uma história clínica. Conforme o senhor verá pela leitura, desenvolveu-se nele nos últimos dias uma perturbação nervosa que inquieta muito a mim e à minha mulher, pois não conseguimos encontrar meio de eliminá-la. Peço licença para [...] consultá-lo amanhã, mas lhe deixei [...] o material disponível registrado por escrito.

A sobre-excitação sexual devido à ternura da mãe provavelmente estabeleceu o fundamento, mas não sei indicar o agente da perturbação. O medo *de que um cavalo o morda na rua* parece estar de algum modo relacionado ao fato de ele ter se apavorado com um grande pênis – o grande pênis do cavalo, conforme o senhor sabe a partir de uma anotação anterior, foi algo que ele já percebeu cedo, e, na ocasião, ele extraiu a conclusão de que a mamãe, por ser tão grande, deve ter um fazedor de xixi como o de um cavalo.

Não consigo fazer algo útil com isso. Terá visto um exibicionista em algum lugar? Ou tudo se liga apenas à mãe? Não nos é agradável que ele comece a propor enigmas já agora. Aliás, exceto pelo medo de ir à rua e pelo mau humor noturno ele continua sendo exatamente o mesmo, divertido e jovial.

Não queremos fazer nossas nem as compreensíveis preocupações, nem as primeiras tentativas de explicação do pai, mas primeiro examinar o material comunicado. De forma alguma é tarefa nossa "compreender" logo um caso clínico, o que só pode ser bem-sucedido mais tarde, quando tivermos obtido dele impressões suficientes. Por ora, deixemos nosso juízo em suspenso e aceitemos com a mesma atenção tudo o que cabe observar.

No entanto, as primeiras comunicações provenientes dos primeiros dias de janeiro desse ano, 1908, são estas:

> Hans (quatro anos e nove meses) levanta-se pela manhã chorando e, à pergunta sobre por que chora, diz à mamãe: "Quando estava dormindo pensei que tinhas ido embora e que não tenho mais mamãe para adular" (= acariciar).
> Ou seja, um sonho de angústia.
> Notei algo parecido já no verão, em Gmunden. À noite, na cama, ele ficava na maioria das vezes com um humor bastante sensível, e, certa vez, observou (aproximadamente): mas se eu não tiver mamãe, se fores embora, ou algo parecido; não recordo o teor. Quando ele se encontrava nesse humor elegíaco, a mamãe infelizmente sempre o deixava entrar na cama dela.
> Por volta de 5 de janeiro ele veio cedo ver a mamãe na cama e disse nessa ocasião: "Sabes o que a tia

M. disse? 'Mas ele tem um belo pintinho'".[1] (A tia M. estivera hospedada em nossa casa há quatro semanas; certa vez ela viu como minha mulher dava banho no menino, e de fato disse isso baixinho à minha mulher. Hans ouviu e tentou aproveitá-lo.) Em 7 de janeiro, ele vai com a babá, como de costume, ao parque municipal, começa a chorar na rua e pede para ser levado para casa, pois queria "adular" a mamãe. Ao ser perguntado em casa por que não quis prosseguir e por que chorara, ele não quer responder. Até a noite, ele está alegre como de costume; de noite, fica visivelmente angustiado, chora, e não há como separá-lo da mãe; ele quer novamente adular. Então ele fica alegre outra vez e dorme bem.

Em 8 de janeiro, minha esposa quer passear ela mesma com ele para ver o que está acontecendo, e, mais precisamente, em Schönbrunn, aonde ele gosta muito de ir. Ele começa a chorar outra vez, não quer partir, tem medo. Por fim ele vai, mas fica visivelmente angustiado na rua. No retorno de Schönbrunn, ele diz à mãe após muita resistência: *Tive medo de que um cavalo me mordesse.* (De fato, ele ficou inquieto em Schönbrunn ao ver um cavalo.) À noite ele teria tido outro ataque semelhante

---

1. Pintinho = genital. Carícias dos genitais infantis em palavras ou mesmo em atos por parte de familiares ternos, às vezes também dos próprios pais, estão entre os acontecimentos mais comuns que abarrotam as psicanálises.

ao do dia anterior, acompanhado pelo desejo de adular. Ele é tranquilizado. Diz, chorando: "Eu sei que amanhã vou precisar passear outra vez", e, mais tarde: "O cavalo vai entrar no quarto".
No mesmo dia, a mamãe lhe pergunta: "Será que estás colocando a mão no fazedor de xixi?". Ele responde: "Sim, toda noite quando estou na cama". No dia seguinte, 9 de janeiro, ele é advertido antes da sesta para não colocar a mão no fazedor de xixi. Perguntado após o despertar, ele diz que mesmo assim a colocou por pouco tempo.

Este seria portanto o início da angústia[2] e da fobia. Percebemos haver uma boa razão para distinguir uma da outra. De resto, o material nos parece perfeitamente suficiente para nos orientarmos, e nenhum outro momento é tão favorável à compreensão quanto semelhante estágio inicial, infelizmente negligenciado ou omitido na maioria das vezes. A perturbação começa com pensamentos terno-angustiados e, em seguida, um sonho de angústia. O conteúdo do último é este: perder a mãe, de modo que não possa adulá-la. A ternura pela mãe deve portanto ter se intensificado enormemente. Esse é o fenômeno fundamental do seu estado. Como confirmação, recordemo-nos ainda das duas tentativas

---

2. Em alemão, *Angst*, termo que significa tanto "medo" como "angústia". O sentido mais usual, mesmo no uso que Freud dá ao termo em grande número de seus textos, é "medo"; aqui, porém, Freud distingue expressamente entre o medo sem objeto, *Angst* (angústia), e o medo com objeto, *Furcht* (medo). (N.T.)

de sedução que ele empreende em relação à mãe, das quais a primeira ainda ocorre no verão, e a segunda, pouco antes da irrupção do medo de sair à rua, contém simplesmente uma recomendação de seu genital. Essa ternura intensificada pela mãe é o que se transforma em angústia, que, segundo dizemos, sucumbe ao recalcamento. Ainda não sabemos de onde vem o ímpeto ao recalcamento; talvez ele resulte meramente da intensidade da moção, de que a criança não consegue dar conta, talvez colaborem outras forças que ainda não reconhecemos. Ficaremos sabendo disso mais adiante. Essa angústia, que corresponde a um anseio erótico recalcado, é de início, como toda angústia infantil, desprovida de objeto, ainda é angústia e não medo. A criança não consegue saber do que tem medo, e quando Hans, no primeiro passeio com a babá, não quer dizer do que tem medo, é porque simplesmente ainda não sabe. Ele diz o que sabe, que na rua sente falta da mamãe, a quem pode adular, e que não quer se afastar da mamãe. Ele denuncia aí com toda a sinceridade o primeiro significado de sua aversão à rua.

Seus estados angustiados e ainda nitidamente tingidos de ternura, que se repetem em duas noites consecutivas antes de ir dormir, também provam que no início do adoecimento absolutamente ainda não existe uma fobia de ruas ou de passeios ou até mesmo de cavalos. O estado noturno seria então inexplicável; quem pensa em rua e passeio antes de ir para a cama? Em contrapartida, é perfeitamente transparente que ele se torne tão angustiado à noite se, antes de ir para a cama, a libido o assalta com mais força, libido cujo objeto é a mãe e cuja meta poderia ser, por exemplo, dormir junto com a mãe. Afinal, ele fez a experiência de que *em Gmunden* a mãe se deixou levar por tais estados de humor a colocá-lo na cama dela, e ele gostaria de obter o mesmo aqui em Viena. Além disso, não esqueçamos que em Gmunden ele esteve temporariamente sozinho com a mãe, visto que o pai não pôde passar as férias inteiras lá; ademais, que lá sua ternura se dividira entre uma série de companheiros de brincadeiras, amigos e amigas que ele não tinha aqui, de modo que a libido pôde retornar outra vez integralmente para a mãe.

A angústia corresponde portanto a um anseio recalcado, mas não é a mesma coisa que o anseio; o recalcamento também é responsável por alguma coisa. O anseio pode ser plenamente transformado em satisfação quando se obtém para ele o objeto ansiado; no caso da angústia essa terapia não adianta mais de nada, ela persiste mesmo que o anseio pudesse ser satisfeito, ela não pode mais ser plenamente retransformada em libido; a libido é mantida no recalcamento por alguma coisa.[3] Isso se mostra em Hans no passeio seguinte, que a mãe faz com ele. Ele está com a mãe e mesmo assim tem angústia, isto é, um anseio insaciado por ela. No entanto, a angústia é menor, afinal ele se deixa levar a fazer o passeio, ao passo

---

3. Para dizer a verdade, a partir do momento em que uma sensação angustiosa de anseio não pode mais ser eliminada pela obtenção do objeto ansiado, nós a chamamos de angústia patológica.

que tinha obrigado a empregada a dar meia-volta; a rua tampouco é o lugar apropriado para "adular", ou seja lá o que for que o pequeno apaixonado quisesse. Mas a angústia resistiu à prova e agora precisa encontrar um objeto. Nesse passeio, ele expressa pela primeira vez o medo de que um cavalo o morda. De onde provém o material dessa fobia? Provavelmente, daqueles complexos ainda desconhecidos que contribuíram para o recalcamento e que mantêm em estado de recalcamento a libido dirigida à mãe. Esse ainda é um enigma do caso, cujo desenvolvimento subsequente precisamos agora seguir a fim de encontrar a solução. Certos pontos de apoio, que provavelmente são confiáveis, já nos foram dados pelo pai: Hans sempre observara com interesse os cavalos devido aos seus grandes fazedores de xixi, supusera que a mãe devia ter um fazedor de xixi como o de um cavalo etc. Assim, seria possível pensar que o cavalo fosse apenas um substituto da mãe. Mas o que significa o fato de Hans expressar à noite o medo de que o cavalo entre no quarto? Uma ideia boba e angustiosa de uma criancinha, diriam. Mas a neurose não diz nada de bobo, o sonho tampouco. Sempre insultamos quando nada compreendemos. Isso significa facilitar a tarefa para si mesmo.

Precisamos nos resguardar dessa tentação ainda num outro ponto. Hans confessou que toda noite antes de adormecer ocupa-se de seu pênis com fins prazerosos. Bem, dirá de bom grado o clínico geral, agora está tudo claro. A criança se masturba, daí portanto a angústia. Devagar! O fato de a criança produzir masturbatoriamente em si mesma sensações de prazer de modo algum nos esclarece sua angústia; pelo contrário, torna-a muito mais enigmática. Estados de angústia não são provocados pela masturbação, e de forma alguma pela satisfação. Além disso, podemos supor que nosso Hans, que agora está com quatro anos e nove meses, com certeza já se concede esse prazer toda noite há um ano (ver p. 42), e veremos que precisamente agora ele se encontra na luta para perder esse hábito, o que se ajusta melhor ao recalcamento e à formação de angústia.

Também precisamos tomar partido em favor da mãe bondosa e certamente muito preocupada. O pai a acusa, não sem alguma razão aparente, de ter provocado a irrupção da neurose mediante a ternura excessiva e a prontidão demasiado frequente de levar a criança consigo para a cama; poderíamos igualmente fazer-lhe a recriminação de ter acelerado a chegada do recalcamento mediante a rejeição enérgica aos galanteios de Hans ("isso é uma porquice"). Mas ela representa um papel decidido pelo destino e tem uma posição difícil.

Combino com o pai de dizer ao menino que isso com os cavalos é uma bobagem, nada mais. Que a verdade é que ele gosta muito da mãe e quer ir dormir na cama dela. Que agora ele tem medo dos cavalos por ter se interessado tanto pelo fazedor de xixi deles. Que ele percebeu não ser certo ocupar-se tão intensamente do fazedor de xixi, também do seu próprio, e que essa foi uma percepção bastante correta. Além disso, sugeri ao pai seguir o caminho do esclarecimento sexual. Visto que podíamos supor, de acordo com a pré-história do pequeno, que sua libido aderia ao desejo de ver o fazedor de xixi da mamãe, o pai deveria privá-lo dessa meta mediante a comunicação de que a mamãe e todos os outros seres femininos, como afinal ele já podia saber pela Hanna – absolutamente não possuíam um fazedor de xixi. Este último esclarecimento deveria ser comunicado em ocasião oportuna depois de alguma pergunta ou manifestação de Hans.

As notícias seguintes sobre nosso Hans abrangem o período de 1º a 17 de março. A pausa de um mês logo encontrará sua explicação.

> O esclarecimento[4] é seguido por um período mais tranquilo, em que Hans pode ser levado sem dificuldades especiais para passear no parque municipal todos os dias. Seu medo de cavalos se transforma cada vez mais na compulsão de olhar para eles. Hans diz: "Preciso olhar para os cavalos e então tenho medo".
> Após uma gripe que o deixa de cama por duas semanas, a fobia volta a se intensificar de tal modo que não é possível convencê-lo a sair; no máximo, ele vai à sacada. Toda semana ele viaja comigo aos domingos para Lainz[5], pois nesse dia se veem pou-

---

4. Sobre o significado do medo dele; nada ainda sobre o fazedor de xixi das mulheres.
5. Subúrbio de Viena em que moram os avós.

cos coches na rua e o trajeto até a estação ferroviária é curto. Em Lainz ele se recusa certa vez a passear fora do jardim porque há um coche parado diante dele. Após mais uma semana, em que ele precisa ficar em casa devido à ablação das amígdalas, a fobia se reforça bastante outra vez. Ele vai à sacada, é verdade, mas não sai para passear, isto é, ao chegar ao portão ele volta rapidamente.

Domingo, 1º de março, desenrola-se o seguinte diálogo no caminho para a estação: tento explicar-lhe outra vez que cavalos não mordem. Ele: "Mas cavalos brancos mordem; em Gmunden existe um cavalo branco que morde. Quando se coloca os dedos nele, ele morde". (Chama minha atenção que ele diga "os dedos" em vez de "a mão".) Então ele conta a seguinte história, que reproduzo aqui de modo coerente: "Quando a Lizzi precisou partir, havia um coche com um cavalo branco parado na frente da casa dela e que ia levar a bagagem para a estação. (Lizzi, segundo ele me conta, é uma moça que morava numa casa vizinha.) O pai estava parado perto do cavalo e o cavalo tinha virado a cabeça (para tocá-lo), e ele disse para Lizzi: *Não coloca os dedos no cavalo branco, senão ele te morde*". A isso, digo: "Escuta, me parece que não te referes a um cavalo, e sim a um fazedor de xixi no qual não se deve pôr a mão".

Ele: "Mas um fazedor de xixi não morde".

Eu: "Talvez sim", depois do que ele quer me provar vivamente que se tratava realmente de um cavalo branco.[6]

Em 2 de março, quando ele sente medo outra vez, eu lhe digo: "Sabes de uma coisa? A bobagem" – é assim que ele chama sua fobia – "vai ficar mais fraca se passeares com mais frequência. Agora ela está tão forte porque não saíste de casa, porque estavas doente".

Ele: "Ah não, ela está tão forte porque toda noite sempre coloco a mão no fazedor de xixi".

Médico e paciente, pai e filho concordam portanto em atribuir ao hábito do onanismo o papel principal na patogênese do estado atual. Mas tampouco faltam indícios em favor da importância de outros fatores.

Em 3 de março começou a trabalhar em nossa casa uma nova empregada, que lhe agrada de modo especial. Visto que ao limpar o quarto ela o deixa montar em suas costas, ele só a chama de "meu cavalo" e sempre a segura pela saia gritando "anda!". Por volta de 10 de março ele diz a essa babá: "Se a senhorita fizer isso ou aquilo, precisará tirar toda a roupa, a camisa também". (Ele quer dizer como

---

6. O pai não tem motivo para duvidar que Hans contou aí um acontecimento real. – As sensações de prurido na glande, que motivam as crianças ao toque, são, aliás, descritas via de regra assim: algo *está me picando* [o verbo alemão é *beissen*, "morder", "picar" (N.T.)].

punição, mas é fácil reconhecer o desejo por detrás disso.)
Ela: "Bem, e o que tem isso? Aí vou imaginar que não tenho dinheiro para roupas".
Ele: "Mas isso é uma vergonha, daí a gente enxerga o fazedor de xixi".

A velha curiosidade, lançada sobre um novo objeto e, como convém aos períodos de recalcamento, recoberta com uma tendência moralizante!

Em 13 de março, cedinho, digo a Hans: "Sabes, se não colocares mais a mão no fazedor de xixi a bobagem já ficará mais fraca".
Hans: "Mas eu não coloco mais a mão no fazedor de xixi".
Eu: "Mas ainda queres colocá-la".
Hans: "Sim, pode ser, mas 'querer' não é 'fazer' e 'fazer' não é 'querer'". (!!)
Eu: "Mas para que não queiras, hoje ganharás um saco de dormir".
Em seguida nos dirigimos para a frente do prédio. É verdade que ele tem medo, mas, visivelmente animado pela perspectiva de aliviar sua luta, diz: "Amanhã, quando eu tiver o saco, a bobagem vai ter passado". De fato, ele tem *muito* menos medo de cavalos e deixa os coches passarem bastante tranquilo.
No domingo seguinte, 15 de março, Hans prometera viajar comigo a Lainz. De início ele resiste, por

II. História clínica e análise

fim acaba indo comigo. Na rua, como passavam poucos coches, ele se sente visivelmente bem e diz: "Que ótimo que o bom Deus já soltou o cavalo". No caminho, explico-lhe que sua irmã não tem um fazedor de xixi como ele. Meninas e mulheres não têm fazedor de xixi. A mamãe não tem, nem a Anna etc.
Hans: "Tu tens um fazedor de xixi?".
Eu: "É claro, o que foi que pensaste?".
Hans (após uma pausa): "Mas como é que as meninas fazem xixi se não têm um fazedor de xixi?".
Eu: "O fazedor de xixi delas não é como o teu. Ainda não viste quando a Hanna toma banho?".
Ao longo do dia todo ele está muito contente, anda de trenó etc. Apenas por volta do anoitecer ele fica novamente mal-humorado e parece ter medo de cavalos.
À noite, o ataque nervoso e a necessidade de adular são mais fracos do que em dias anteriores. No dia seguinte, a mãe o leva consigo para a cidade e ele tem grande medo na rua. No outro dia, ele fica em casa e está muito alegre. Na manhã seguinte ele se levanta angustiado por volta das seis horas. À pergunta sobre o que tem, ele conta: "Coloquei o dedo bem pouquinho no fazedor de xixi. Então vi a mamãe completamente sem roupa, de camisola, e dava pra ver o fazedor de xixi. Eu mostrei pra Grete[7],

---

7. Grete é uma das mocinhas de Gmunden, com quem Hans fantasia precisamente nesse momento; ele fala e brinca com ela.

a minha Grete, o que a mamãe faz e mostrei meu fazedor de xixi pra ela. Então tirei a mão depressa do fazedor de xixi". À minha objeção de que só poderia ser "de camisola" *ou* "completamente sem roupa", Hans diz: "Ela estava de camisola, mas a camisola era tão curta que vi o fazedor de xixi".

O todo não é um sonho, e sim uma fantasia onanista, aliás equivalente a um sonho. O que ele faz a mamãe fazer serve evidentemente para a justificação dele: "Se a mamãe mostra o fazedor de xixi, então eu também posso".

Podemos concluir duas coisas dessa fantasia: primeiro, que a descompostura da mãe exerceu a seu tempo um forte efeito sobre ele; segundo, que o esclarecimento de que as mulheres não têm fazedor de xixi não é inicialmente aceito por ele. Ele lamenta que tenha de ser assim, e se aferra a ele na fantasia. Talvez ele também tenha seus motivos para não acreditar no pai por enquanto.

Relatório semanal do pai:
Prezado senhor professor! Em anexo, segue a continuação da história de nosso Hans, um fragmento bem interessante. Talvez eu me permita visitá-lo na segunda-feira no consultório e, se possível, levando Hans comigo – supondo que ele vá. Hoje lhe perguntei: "Queres ir comigo na segunda-feira ver o professor que pode te tirar a bobagem?".
Ele: "Não".
Eu: "Mas ele tem uma menininha muito bonita".
Dito isso, ele concordou pronta e alegremente.

II. História clínica e análise

Domingo, 22 de março. A fim de prolongar o programa dominical sugiro a Hans ir primeiro a Schönbrunn e apenas ao meio-dia ir de lá a Lainz. Assim, ele não precisa percorrer a pé apenas o trecho do apartamento até a estação de metrô Hauptzollamt, mas também da estação Hietzing a Schönbrunn, e, de lá, outra vez até a estação de bondes a vapor Hietzing, do que ele dá conta olhando rapidamente para o lado quando aparecem cavalos, já que evidentemente sente medo. Ao olhar para o lado, ele segue um conselho da mãe.
Em Schönbrunn ele mostra medo de animais que normalmente observara sem receio. Assim, ele não quer entrar de forma alguma na casa em que está a *girafa*, também não quer ver o elefante, que normalmente muito o divertira. Ele tem medo de todos os animais grandes, enquanto se entretém muito com os pequenos. Dentre as aves, desta vez ele também tem medo do pelicano, o que antes jamais fizera; pelo visto, também devido a seu tamanho.
Por isso, digo-lhe: "Sabes por que tens medo dos bichos grandes? Bichos grandes têm um fazedor de xixi grande, e no fundo tens medo do fazedor de xixi grande".
Hans: "Mas eu nunca vi o fazedor de xixi dos bichos grandes".[8]

---

8. Isso é incorreto. Ver sua exclamação diante da jaula dos leões, à p. 43. Provavelmente, esquecimento incipiente devido ao recalcamento.

Eu: "Mas já viste o do cavalo, e o cavalo também é um bicho grande".
Hans: "Ah, o do cavalo muitas vezes. Uma vez em Gmunden, quando o coche estava parado na frente da casa, uma vez na frente do Hauptzollamt [escritório central da alfândega]".
Eu: "Quando eras pequeno provavelmente entraste numa estrebaria em Gmunden...".
Hans (interrompendo-me): "Sim, todo dia em Gmunden quando os cavalos vinham pra casa eu ia à estrebaria".
Eu: "...e provavelmente tiveste medo ao ver certa vez o grande fazedor de xixi do cavalo, mas não precisas ter medo disso. Bichos grandes têm fazedores de xixi grandes, bichos pequenos têm fazedores de xixi pequenos".
Hans: "E todas as pessoas têm fazedores de xixi, e o fazedor de xixi cresce comigo quando eu fico maior; afinal, ele está grudado em mim".
Assim terminou o diálogo. Nos dias seguintes o medo parece novamente um pouco maior; ele mal se atreve a se aproximar do portão, até onde é levado depois de comer.

A última e consoladora fala de Hans lança uma luz sobre a situação e nos permite corrigir um pouco as afirmações do pai. É verdade que ele tem medo[9] dos animais

---

9. Aqui e no raciocínio subsequente Freud usa *Angst* e não *Furcht*, não seguindo estritamente, pois, a distinção que (continua na p. 77)

II. História clínica e análise

grandes por pensar em seus grandes fazedores de xixi, mas não se pode exatamente dizer que ele tenha medo do grande fazedor de xixi propriamente dito. A ideia deste era-lhe, num momento anterior, decididamente carregada de prazer, e ele buscava vê-lo com todo o empenho. Esse contentamento lhe foi arruinado desde então pela inversão geral de prazer em desprazer, que – de uma maneira ainda não esclarecida – atingiu toda a sua investigação sexual, e, o que nos é mais nítido, através de certas experiências e ponderações que levaram a resultados desagradáveis. De seu consolo: "o fazedor de xixi cresce comigo quando eu fico maior", pode-se concluir que em suas observações ele fez comparações constantes e ficou muito insatisfeito com o tamanho de seu próprio fazedor de xixi. Os grandes animais o recordam desse defeito e por essa razão lhe são desagradáveis. Porém, pelo fato de o raciocínio inteiro provavelmente não poder ficar claro na consciência, essa sensação desagradável também se transforma em medo, de modo que seu medo atual se constrói tanto sobre o prazer passado como sobre o desprazer atual. Uma vez que o estado de medo se instalou, o medo devora todas as outras sensações; com o avanço do recalcamento, todos os afetos podem se transformar em medo quanto mais forem empurradas para o inconsciente as representações portadoras de afeto que já foram conscientes.

(cont. da p. 76) antes fizera (p. 64) no que se refere aos *termos*. No que se refere às *noções*, porém, o raciocínio é perfeitamente coerente, cabendo apenas considerar que aqui Freud se vale do outro e mais corrente sentido de *Angst*, "medo". (N.T.)

A peculiar observação de Hans: "afinal, ele está grudado em mim", permite, em ligação com o consolo, inferir muitas coisas que ele não pode expressar e tampouco expressou nesta análise. Farei uma complementação de acordo com minhas experiências extraídas de análises de adultos, mas espero que a intercalação não seja julgada forçada e arbitrária. "Afinal, ele está grudado em mim": se isso for pensado como birra e consolo, faz pensar na antiga ameaça da mãe de que mandaria cortar-lhe o fazedor de xixi se ele continuasse a ocupar-se dele. Essa ameaça não teve efeito naquela época, quando ele tinha três anos e meio. Sem se perturbar, ele respondeu que então faria xixi com o bumbum. O comportamento seria completamente típico se a ameaça de castração passasse agora a ter efeito *a posteriori*, e ele, um ano e três meses mais tarde, estivesse com medo de perder a preciosa parte de seu eu. Pode-se observar tais efeitos *a posteriori* de mandamentos e ameaças na infância em outros casos de adoecimento nos quais o intervalo abarca outras tantas décadas e até mais. Sim, conheço casos em que a "obediência *a posteriori*" ao recalcamento tem participação essencial na determinação dos sintomas da doença.

A explicação que Hans recebera há pouco, de que as mulheres realmente não têm um fazedor de xixi, somente pode ter agido de modo perturbador sobre sua autoconfiança e de modo despertador sobre o complexo de castração. Por isso também resistia a ela, e por isso essa informação não obteve um resultado terapêutico: então realmente existem seres vivos que não possuem fazedor de xixi? Nesse caso, não seria mais tão inacreditável que lhe tirassem o fazedor de xixi, que pudessem, por assim dizer, transformá-lo em mulher![10]

Na noite de 27 para 28 Hans nos surpreende por sair de sua cama, em meio à escuridão, e vir para a nossa. Seu quarto é separado do nosso por um gabinete. Perguntamos-lhe o motivo; se talvez sentira medo. Ele diz: "Não, amanhã eu digo", adormece em nossa cama e depois é levado de volta para a sua. No dia seguinte tenho uma conversa séria com ele para saber por que veio para a nossa cama durante a noite, e, após alguma resistência, desenrola-se o seguinte diálogo, que logo registro estenograficamente:

---

10. Não posso interromper a concatenação na medida necessária para demonstrar o quanto há de típico nesses raciocínios inconscientes que aqui atribuo ao pequeno Hans. O complexo de castração é a raiz inconsciente mais profunda do antissemitismo, pois já no quarto das crianças o menino escuta que cortam algo do pênis do judeu – uma parte do pênis, acredita ele –, e isso lhe dá o direito de desprezá-lo. A arrogância em relação à mulher tampouco tem raiz inconsciente mais forte. Weininger, aquele jovem filósofo muito talentoso e sexualmente perturbado que, depois da publicação de seu notável livro *Geschlecht und Charakter* [Sexo e caráter], terminou sua vida pelo suicídio, considerou, num capítulo muito comentado, o judeu e a mulher com a mesma hostilidade e os cobriu com as mesmas invectivas. Como neurótico, Weininger se encontrava completamente sob o domínio de complexos infantis; a relação com o complexo de castração é aí o elemento comum entre o judeu e a mulher.

Ele: "*Durante a noite havia uma girafa grande e uma amarrotada no quarto, e a grande gritou porque lhe tirei a amarrotada. Então ela parou de gritar, e então me sentei em cima da girafa amarrotada*".
Eu, com estranheza: "O quê? Uma girafa amarrotada? Como foi isso?".
Ele: "Sim". (Busca depressa um papel, amarrota-o e me diz:) "Era assim que ela estava amarrotada."
Eu: "E tu te sentaste em cima da girafa amarrotada? Como?".
Ele me mostra outra vez, sentando-se no chão.
Eu: "Por que vieste ao quarto?".
Ele: "Nem eu sei".
Eu: "Sentiste medo?".
Ele: "Não, com certeza não".
Eu: "Sonhaste com as girafas?".
Ele: "Não, não sonhei; foi uma coisa que pensei – eu pensei tudo isso – eu já tinha acordado antes".
Eu: "O que significa isso, uma girafa amarrotada? Afinal, tu sabes que não se pode amassar uma girafa como um pedaço de papel".
Ele: "Claro que eu sei. Eu apenas acreditei. Não é uma coisa que existe no mundo.[11] A amarrotada estava completamente deitada no assoalho, e eu a tomei, eu a peguei com as mãos".
Eu: "Como assim, será que a gente consegue pegar uma girafa tão grande com as mãos?".

---

11. Em sua linguagem, Hans nos diz de modo bem categórico que se tratava de uma fantasia.

Ele: "A amarrotada eu peguei com a mão".
Eu: "Onde estava a grande enquanto isso?".
Ele: "A grande estava parada mais longe".
Eu: "O que fizeste com a amarrotada?".
Ele: "Eu a segurei um pouquinho na mão até a grande parar de gritar, e assim que a grande parou de gritar, eu me sentei em cima".
Eu: "Por que a grande gritou?".
Ele: "Porque lhe tirei a pequena". (Ele nota que registro tudo e pergunta: "Por que tu estás escrevendo isso?".)
Eu: "Porque mando o que escrevo para um professor que pode te tirar a 'bobagem'".
Ele: "Ah tá, então tu escreveste também que a mamãe tirou a camisola e também darás isso ao professor".
Eu: "Sim, mas ele não vai compreender como acreditas que se possa amarrotar uma girafa".
Ele: "Diga-lhe apenas que nem eu sei, e aí ele não vai perguntar; mas se ele perguntar o que é a girafa amarrotada, ele pode nos escrever e nós lhe escrevemos, ou escrevemos logo, que nem eu sei".
Eu: "Mas por que vieste para a nossa cama durante a noite?".
Ele: "Isso eu não sei".
Eu: "Diga-me depressa no que estás pensando agora".

Ele (humoristicamente): "Num suco de framboesa".
Eu: "No que mais?".
Ele: "Numa espingarda para matar".[12]

} Seus desejos

Eu: "Certamente não sonhaste isso?".
Ele: "Com certeza não; não, eu sei com toda a certeza".
Ele continua contando: "A mamãe me pediu por muito tempo pra dizer por que eu vim à noite. Mas eu não quis dizer, porque no começo eu tinha vergonha da mamãe".
Eu: "Por quê?".
Ele: "Isso eu não sei".
De fato, minha mulher o inquirira a manhã inteira até ele contar a história das girafas.

Ainda no mesmo dia, o pai encontra a solução da fantasia com as girafas.

A girafa grande sou eu, ou antes, o pênis grande (o longo pescoço), a girafa amarrotada é minha mulher, ou antes, seu membro, o que é portanto o resultado do esclarecimento.
Girafa: ver a excursão a Schönbrunn. De resto, ele tem um quadro com uma girafa e um elefante pendurado sobre sua cama.
O todo é a reprodução de uma cena que se passou quase todas as manhãs nos últimos dias. Pela ma-

---

12. Em sua perplexidade, o pai tenta praticar aqui a técnica clássica da psicanálise. Ela não leva muito longe, mas o que ela traz pode adquirir sentido à luz de descobertas posteriores.

nhã, Hans sempre vem ao nosso quarto, e então minha mulher não pode deixar de colocá-lo na cama consigo por alguns minutos. Em razão disso, sempre começo a adverti-la para não colocá-lo na cama ("a grande gritou porque lhe tirei a amarrotada"), e ela responde vez por outra, por certo irritada, que isso é um absurdo, que esse minuto é irrelevante etc. Em seguida, Hans fica um breve momento com ela. ("Então a girafa grande parou de gritar e então me sentei em cima da girafa amarrotada.") Portanto, a solução dessa cena conjugal transposta para a vida das girafas é a seguinte: ele foi acometido durante a noite por um anseio pela mãe, por suas carícias, por seu membro, e por isso veio ao quarto. O todo é a continuação do medo de cavalos.

À perspicaz interpretação do pai só sei acrescentar isto: "o *sentar* em cima" é provavelmente a representação de Hans para a tomada de *posse*.[13] No entanto, o todo é uma fantasia birrenta, que se liga com satisfação à vitória sobre a oposição paterna. "Grita o quanto quiseres, mesmo assim a mamãe me coloca na cama dela e a mamãe me pertence." Assim, por trás dela se pode adivinhar com razão o que o pai supõe: o medo de que a mamãe não goste de Hans porque seu fazedor de xixi não pode se comparar ao do pai.

---

13. O substantivo *Besitzergreifen*, "tomada de posse", é um sinônimo do verbo *besitzen*, "possuir", que significa propriamente *auf etwas sitzen*, "estar sentado em cima de algo". (N.T.)

Na manhã seguinte, o pai obtém a confirmação de sua interpretação.

Domingo, 29 de março, viajo com Hans a Lainz. À porta, despeço-me jocosamente de minha mulher: "Adeus, grande girafa". Hans pergunta: "Por que girafa?". Respondo: "A mamãe é a grande girafa", ao que Hans diz: "É mesmo, e a Hanna é a amarrotada?".
No trem, explico-lhe a fantasia com as girafas, ao que ele diz: "Sim, está certo", e quando lhe digo que eu seria a grande girafa, que o pescoço comprido o lembrara de um fazedor de xixi, ele diz: "A mamãe também tem um pescoço feito o de uma girafa, eu vi como ela lavou o pescoço branco".[14]
Na segunda-feira, 30 de março, cedo, Hans vem até mim e diz: "Escuta, hoje pensei cá comigo duas coisas. A primeira? Estive contigo em Schönbrunn vendo as ovelhas e então rastejamos por baixo das cordas, e dissemos isso então ao guarda na entrada do jardim, e ele nos levou". A segunda ele esqueceu. Observo a propósito: quando queríamos ver as ovelhas no domingo, esse espaço estava bloqueado por uma corda, de modo que não pudemos ir até lá. Hans ficou muito admirado com o fato de se

---

14. Hans confirma apenas a interpretação das duas girafas em relação ao pai e à mãe, mas não o simbolismo sexual que pretende enxergar na própria girafa uma representação do pênis. Esse simbolismo provavelmente está correto, mas de Hans realmente não se pode exigir mais.

bloquear um espaço apenas com uma corda sob a qual se pode passar facilmente. Eu lhe disse que pessoas decentes não rastejam por baixo da corda. Ele achava que era coisa bem fácil, ao que repliquei que poderia vir um guarda e levar a pessoa embora. Na entrada de Schönbrunn há um guarda, de quem eu disse certa vez a Hans que ele prendia crianças malcriadas.

Após o retorno da consulta com o senhor, que ocorrera no mesmo dia, Hans confessou mais uma pequena vontade de fazer coisas proibidas. "Escuta, hoje cedo andei pensando outra coisa." "O quê?" "Eu andei contigo de trem e nós quebramos uma janela e o guarda nos levou com ele."

A correta continuação da fantasia com as girafas. Ele suspeita que é proibido tomar posse da mãe; ele topou com a barreira do incesto. Mas ele considera que é algo proibido em si. Nas travessuras proibidas que ele realiza na fantasia, o pai está sempre junto e é encarcerado com ele. O pai, acha ele, também faz aquela enigmática coisa proibida com a mãe que ele substitui por algo violento como quebrar uma vidraça ou penetrar num espaço fechado.

Nessa tarde, pai e filho visitaram-me em meu consultório médico. Eu já conhecia o divertido rapazinho e sempre gostara de vê-lo, ele que, com sua autoconfiança, não obstante era muito amável. Não sei se ele se recordava de mim, mas comportou-se de modo irrepreensível, como um membro completamente sensato da sociedade humana. A consulta foi breve. O pai tomou como ponto de partida o fato de, apesar de todo o esclarecimento, o medo de cavalos ainda não ter diminuído. Também tivemos de reconhecer que eram pouco substanciais as relações entre os cavalos, dos quais ele tinha medo, e as moções de ternura pela mãe que haviam sido descobertas. Detalhes como os que então fiquei sabendo – o fato de ele ficar especialmente incomodado com o que os cavalos tinham diante dos olhos e com o negror em volta de suas bocas – certamente não se deixaram explicar a partir do que sabíamos. Porém, ao ver os dois sentados diante de mim e ouvir a descrição do medo de cavalos de Hans, disparou pela minha mente mais um fragmento da solução, sobre o qual compreendi que podia escapar precisamente ao pai. Perguntei brincando a Hans se seus cavalos usam óculos, o que ele negou; depois, se seu pai usava óculos, o que ele negou novamente contra toda a evidência, e se com o negror em torno da "boca" ele se referia ao bigode, e então lhe esclareci que ele tinha medo do pai precisamente porque tanto amava a mãe. Ele poderia acreditar que o pai estivesse zangado com ele por isso, mas tal não era verdade, o pai gostava dele e ele podia lhe confessar tudo sem receio. Há muito tempo, antes que ele estivesse no mundo, eu já sabia que viria um pequeno Hans que amaria tanto sua mãe a ponto de ter medo do pai por isso, algo que contei ao pai dele. "Mas por que achas que estou zangado contigo," interrompeu-me neste ponto o pai, "alguma vez te xinguei ou te bati?" "Ah, sim, tu me bateste", retificou Hans. "Isso não é verdade. Quando

II. História clínica e análise

foi?" "Hoje de manhã", lembrou o pequeno, e o pai se recordou de que Hans batera a cabeça contra sua barriga de modo inteiramente inesperado, ao que o pai lhe deu uma batida com a mão como que por reflexo. Era curioso que ele não tivesse incluído esse detalhe no contexto da neurose; porém, agora o compreendia como expressão da disposição hostil do pequeno contra ele, talvez também como manifestação da necessidade de receber uma punição por isso.[15]

Na volta para casa, Hans perguntou ao pai: "Será que o professor fala com o bom Deus para saber todas essas coisas antes?". Eu teria ficado extraordinariamente orgulhoso desse reconhecimento saído da boca de uma criança se eu mesmo não o tivesse provocado com minhas gabolices jocosas. A partir dessa consulta, recebi quase todo dia relatórios sobre as mudanças no estado do pequeno paciente. Não era de se esperar que mediante minhas comunicações ele pudesse, de um golpe, ficar livre do medo, mas mostrou-se que então lhe era dada a possibilidade de apresentar suas produções inconscientes e desenredar sua fobia. A partir de então, ele executou um programa que pude comunicar de antemão a seu pai.

> Em 2 de abril foi possível constatar a *primeira melhora substancial*. Ao passo que até então nunca fora possível levá-lo a ficar por mais tempo diante do portão do

---

15. O menino repetiu essa reação contra o pai mais tarde, de modo mais nítido e mais completo, ao dar primeiro uma pancada na mão do pai e depois beijar ternamente essa mesma mão.

prédio, e, quando vinham cavalos, ele sempre corria de volta para dentro de casa com todos os sinais de pavor, desta vez ele permanece por uma hora diante do portão, mesmo quando passam coches, o que acontece com bastante frequência onde moramos. Vez por outra, ele corre para dentro de casa ao ver um coche se aproximando à distância, porém volta imediatamente, como se mudasse de ideia. De toda forma, há apenas um resto de medo, e o avanço desde o esclarecimento não pode ser ignorado.

À noite, ele diz: "Já que vamos até a frente do portão do prédio, também vamos ao parque municipal".

Em 3 de abril ele vem cedo à minha cama, ao passo que nos últimos dias não viera mais e parecia até orgulhoso dessa abstenção. Pergunto: "Por que vieste hoje, afinal?".

Hans: "Quando eu não tiver mais medo, não vou mais vir".

Eu: "Então vens para o meu quarto porque tens medo?".

Hans: "Quando não estou contigo, tenho medo; quando não estou na cama junto contigo, então tenho medo. Quando eu não tiver mais medo, não vou mais vir".

Eu: "Então tu gostas de mim e tens medo quando, de manhã, estás em tua cama, e é por isso que vens até meu quarto?".

Hans: "Sim. Por que me disseste que gosto da *mamãe* e que tenho medo por isso, se gosto de *ti?*".

II. História clínica e análise

O pequeno mostra aqui uma lucidez realmente superior. Ele dá a entender que nele lutam o amor ao pai e a hostilidade contra ele, o que resulta de seu papel de rival junto à mãe, e repreende o pai por até então não lhe ter chamado a atenção para esse jogo de forças que precisou desembocar em medo. O pai ainda não o compreende completamente, pois apenas durante essa conversa adquire a convicção da hostilidade do pequeno contra ele, a qual eu afirmara durante nossa consulta. O que segue, que comunico sem alterações, é no fundo mais significativo para o esclarecimento do pai do que para o pequeno paciente.

> Infelizmente, não apreendi logo o significado dessa objeção. Pelo fato de gostar da mãe, Hans evidentemente quer me afastar, assim ele estará no lugar do pai. Esse desejo hostil reprimido se transforma em medo pelo pai, e ele vem cedo a meu quarto para ver se fui embora. Nesse momento, infelizmente ainda não compreendi isso, e digo-lhe:
> "Quando estás sozinho, tens medo por mim e vens até mim."
> Hans: "Quando vais embora, tenho medo de que não voltes para casa".
> Eu: "Será que alguma vez te ameacei de que eu não voltaria para casa?".
> Hans: "Tu não, mas a mamãe sim. A mamãe me disse que ela não voltaria mais". (Provavelmente ele fora malcriado, e ela o ameaçou dizendo que iria embora.)

Eu: "Ela disse isso porque foste malcriado".
Hans: "Sim".
Eu: "Tens medo, portanto, de que eu vá embora porque foste malcriado, por isso vens até o meu quarto".
Durante o café da manhã, levanto-me da mesa, ao que Hans diz: "Papai, não vai sair *numa corrida!*". O fato de ele dizer "numa corrida" em vez de "correndo" me chama a atenção, e replico: "Então tens medo de que o cavalo saia numa corrida". Ele dá risada.

Sabemos que esse fragmento do medo de Hans é duplamente estruturado: medo *do* pai e medo *pelo* pai. O primeiro provém da hostilidade contra o pai; o outro, do conflito da ternura, que aí é reacionalmente exagerada, com a hostilidade.

O pai prossegue:

> Este é sem dúvida o começo de um fragmento importante. O fato de ele se atrever a ir no máximo até a frente do prédio, mas não se afastar dele, o fato de ele dar meia-volta na metade do caminho ao primeiro acesso de medo, é motivado pelo medo de não encontrar os pais em casa por terem ido embora. Ele adere à casa por amor à mãe, ele teme que eu vá embora em razão de desejos hostis contra mim, quando então ele seria o pai.
> No verão, viajei repetidamente de Gmunden a Viena porque o trabalho o exigia, quando então

II. História clínica e análise

ele era o pai. Recordo que o medo de cavalos se liga à vivência em Gmunden, quando um cavalo deveria levar a bagagem de Lizzi à estação. O desejo recalcado de que eu vá à estação, de modo que ele esteja sozinho com a mãe ("o cavalo deve partir"), transforma-se então no medo da partida dos cavalos, e, de fato, nada lhe dá mais medo do que a partida de uma carroça, do que os cavalos se colocarem em movimento no pátio do escritório central da alfândega, situado defronte ao nosso apartamento.

Esse novo fragmento (disposição hostil contra o pai) só pôde vir à tona depois que ele soube que não estou zangado por ele gostar tanto da mamãe. À tarde, vou novamente com ele até diante do portão do prédio; ele vai outra vez até a frente do prédio e ali permanece mesmo quando passam coches, apenas alguns coches lhe inspiram medo e ele corre até o corredor do prédio. Ele também me explica: "Nem todos os cavalos brancos mordem"; isto é: graças à análise, alguns cavalos brancos já foram reconhecidos como "papai", esses não mordem mais, mas ainda restam outros que mordem. A situação diante do portão de nosso prédio é a seguinte: defronte fica o depósito do escritório de impostos sobre o consumo, dotado de uma rampa de carga e descarga junto à qual param carroças o dia inteiro a fim de buscar caixas e assemelhados. Para o lado da rua, esse pátio é fechado por uma grade. Diante de nosso apartamento fica o portão de acesso do pátio (fig. 2).

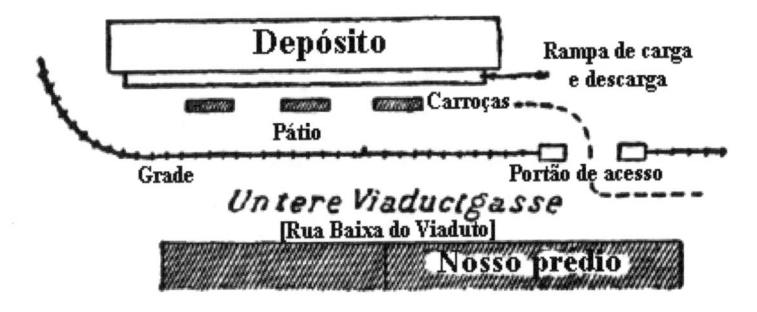

Fig. 2

Noto já faz alguns dias que Hans tem um medo especial quando as carroças saem ou entram no pátio, no que precisam fazer uma curva. Naquele momento, perguntei por que ele tinha tanto medo, e ele diz: *"Tenho medo de que os cavalos caiam quando a carroça faz a curva"* (A). Do mesmo modo, ele tem medo quando as carroças que estão paradas junto à rampa de carga e descarga se colocam subitamente em movimento a fim de partir (B). Além disso (C), ele tem mais medo dos grandes cavalos de carga do que dos cavalos pequenos, mais medo dos cavalos rústicos do que dos elegantes (por exemplo, os cavalos dos fiacres). Ele também tem mais medo quando um coche passa depressa (D) do que quando os cavalos trotam lentamente. Essas diferenciações naturalmente só se destacaram de forma clara nos últimos dias.

II. História clínica e análise

Eu diria que, em decorrência da análise, não só o paciente, e sim também sua fobia, ganhou mais coragem e ousa se mostrar.

Em 5 de abril Hans vem novamente ao quarto e é mandado de volta para a sua cama. Digo-lhe: "Enquanto vieres ao nosso quarto de manhã, o medo de cavalos não vai melhorar". Mas ele resiste e responde: "Eu vou vir, mesmo quando tiver medo". Ou seja, ele não quer se privar da visita à mãe.
Após o café da manhã, pretendíamos descer. Hans se alegra muito com isso e planeja, em vez de ficar na frente do portão do prédio, como de costume, atravessar a rua e ir até o pátio, onde com bastante frequência via moleques de rua brincando. Digo-lhe que me alegraria se ele atravessasse, e aproveito a oportunidade para perguntar por que ele tem tanto medo quando as carroças carregadas se põem em movimento junto à rampa de carga e descarga (B). Hans: "Eu tenho medo quando estou parado perto da carroça e ela sai depressa, e estou parado lá em

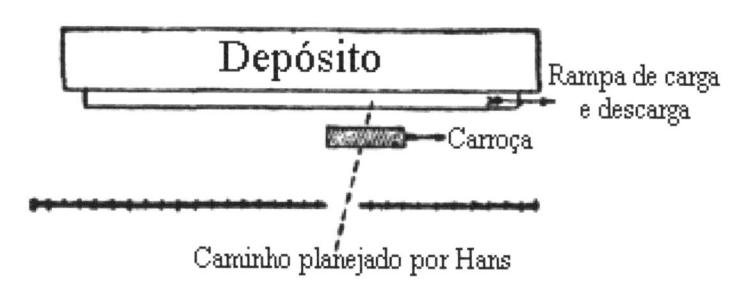

Fig. 3

cima e quero subir na tábua (a rampa de carga e descarga) e vou embora com a carroça".

Eu: "E quando a carroça está parada? Então não tens medo? Por que não?".
Hans: "Quando a carroça está parada, subo depressa na carroça e subo na tábua".
(Hans planeja, portanto, subir até a rampa de carga e descarga passando sobre uma carroça, e tem medo de que ela parta quando ele estiver em cima dela.)
Eu: "Será que tens medo de não voltares mais para casa se partires com a carroça?".
Hans: "Ah, não; eu ainda posso voltar para a mamãe, com a carroça ou com um fiacre. Eu também posso dizer a ele o número do prédio".
Eu: "Então por que exatamente tens medo?".
Hans: "Eu não sei, mas o professor deve saber. Achas que ele vai saber?".
Eu: "Por que exatamente queres subir até a tábua?".
Hans: "Porque nunca estive lá em cima, e eu gostaria muito de estar lá, e sabes por que quero ir pra lá? Porque quero carregar bagagem e subir na bagagem lá. Gostaria muito de subir ali. Sabes com quem aprendi a subir ali? Moleques subiram na bagagem e eu vi isso e também quero fazer isso".
Seu desejo não se realizou, pois ainda que Hans ousasse ir até a frente do portão do prédio, os poucos passos sobre a rua até o pátio despertam nele resistências grandes demais, pois no pátio há carroças andando constantemente.

II. História clínica e análise

O professor sabe apenas que essa tencionada brincadeira de Hans com a carroça carregada entrou numa relação simbólica, substitutiva, com um outro desejo, do qual ele ainda não manifestou nada. Mas esse desejo, se isso não parecesse ousado demais, poderia ser construído já agora.

À tarde, vamos outra vez para a frente do portão do prédio, e, após voltarmos, pergunto a Hans:
"De que cavalos tens na verdade mais medo?"
Hans: "De todos".
Eu: "Isso não é verdade".
Hans: "Tenho mais medo dos cavalos que têm uma dessas coisas na boca".
Eu: "Do que estás falando? Do ferro que eles têm na boca?".
Hans: "Não, eles têm algo preto na boca" (ele cobre a boca com a mão).
Eu: "O quê, talvez um bigode?".
Hans (ri): "Ah, não".
Eu: "Todos têm isso?".
Hans: "Não, só alguns".
Eu: "O que é isso que eles têm na boca?".

Fig. 4

Hans: "Uma dessas coisas pretas". – Acredito que na realidade se trate do grosso correame dos cavalos de carga sobre o focinho. "Também tenho muito medo das carroças de mudança."
Eu: "Por quê?".
Hans: "Eu acho que quando os cavalos de mudança puxam uma carroça pesada eles caem".
Eu: "Ou seja, quando é uma carroça pequena tu não tens medo?".
Hans: "Não, quando é uma carroça pequena e uma carruagem do correio eu não tenho medo. Quando vem um ônibus puxado a cavalos também tenho um grande medo".
Eu: "Por que, por ele ser tão grande?".
Hans: "Não, porque uma vez, puxando um ônibus desses, um cavalo caiu".
Eu: "Quando?".
Hans: "Uma vez quando eu caminhava com a mamãe apesar da 'bobagem', quando comprei o colete".
(Isso é depois confirmado pela mãe.)
Eu: "O que pensaste quando o cavalo caiu?".
Hans: "Que sempre vai ser assim agora. Todos os cavalos dos ônibus vão cair".
Eu: "De todos os ônibus?".
Hans: "Sim! E também das carroças de mudança. Das carroças de mudança não tanto".
Eu: "Já tinhas a bobagem naquela época?".

Hans: "Não, só então a apanhei. Quando o cavalo do ônibus caiu eu me assustei tanto, de verdade! Enquanto eu caminhava eu a apanhei".
Eu: "Mas a bobagem foi que pensaste que um cavalo te morderia, e agora dizes que tinhas medo de que um cavalo iria cair".
Hans: "Cair e morder".[16]
Eu: "Por que te assustaste tanto?".
Hans: "Porque o cavalo fez assim com as patas (deita-se no chão e me mostra o espernear). Eu me assustei *porque ele fez um 'alvoroço' com as patas*".
Eu: "Onde estavas daquela vez com a mamãe?".
Hans: "Primeiro na pista de patinação, depois no café, depois comprando um colete, então no confeiteiro com a mamãe e depois fomos para casa à noite; aí nós passamos pelo parque municipal".
(Tudo isso é confirmado por minha mulher, também o fato de o medo ter irrompido imediatamente depois.)
Eu: "O cavalo estava morto quando caiu?".
Hans: "Sim!".
Eu: "De onde sabes isso?".
Hans: "Porque eu vi (ri). Não, ele não estava nada morto".
Eu: "Talvez pensaste que ele estava morto".

---

16. Hans tem razão, por mais inverossímil que soe essa união. Pois o nexo, como se verá, é o de que o cavalo (o pai) irá mordê-lo por causa de seu desejo de que ele (o pai) caia.

Hans: "Não, com certeza não. Só disse isso de brincadeira". (Mas, na ocasião, seu rosto estava sério.) Visto que ele está cansado, deixo-o em paz. Ele apenas me conta ainda que de início tivera medo dos cavalos dos ônibus, depois, de todos os outros, e apenas por último dos cavalos das carroças de mudança.

Na volta para Lainz, mais algumas perguntas:
Eu: "Esse cavalo do ônibus que caiu, que cor ele tinha? Branco, vermelho, castanho, cinzento?".
Hans: "Preto, os dois cavalos eram pretos".
Eu: "Ele era grande ou pequeno?".
Hans: "Grande".
Eu: "Gordo ou magro?".
Hans: "Gordo, muito grande e gordo".
Eu: "Pensaste no papai quando o cavalo caiu?".
Hans: "Talvez. Sim. É possível".

O pai pode ter investigado sem sucesso em muitos pontos; mas não faz mal conhecer de perto uma fobia dessas, que nomearíamos de bom grado conforme seu novo objeto. Assim, ficamos sabendo o quanto no fundo ela é difusa. Ela se dirige a cavalos e a coches, ao fato de cavalos caírem e ao fato de morderem, a cavalos de feitio específico, a carroças pesadamente carregadas. Revelemos logo que todas essas peculiaridades provêm do fato de o medo não se referir originalmente de forma alguma a cavalos, mas que fora transposto secundariamente a eles e então se fixou nos pontos do complexo de cavalos que se mostraram propícios a certas transferências.[17] Temos de reconhecer particularmente um resultado essencial da inquisição do pai. Descobrimos o ensejo atual após o qual a fobia irrompeu. Este foi que o menino viu um grande e pesado cavalo cair, e pelo menos uma das interpretações dessa impressão parece ser aquela acentuada pelo pai: a de que Hans, na época, sentiu o desejo de que o pai caísse dessa forma – e morresse. O rosto sério durante a narrativa por certo dizia respeito a esse sentido inconsciente. Não haverá ainda um outro sentido por trás disso? E o que significará o alvoroço com as patas?

> Há algum tempo, Hans brinca de cavalo no quarto, corre por aí, cai, esperneia, relincha. Certa vez, amarra em si mesmo um saquinho como se fosse uma cevadeira. Repetidamente, corre em minha direção e me morde.

Assim, ele aceita as últimas interpretações de modo mais decidido do que pode fazê-lo com palavras, mas, naturalmente, com troca de papéis, visto que a brincadeira está a serviço de uma fantasia de desejo. Ou seja, ele é o cavalo, ele morde o pai, e, de resto, identifica-se com ele ao fazê-lo.

> Percebo há dois dias que Hans se rebela da maneira mais decidida contra mim, não de forma insolente,

---

17. Termo que aqui tem um significado mais amplo do que nos trabalhos posteriores de Freud, segundo indicam os editores da *Freud-Studienausgabe*. (N.T.)

e sim bastante divertida. Será porque não tem mais medo de mim, o cavalo?

6 de abril. À tarde, com Hans diante do prédio. Para todos os cavalos que passam, pergunto-lhe se vê neles a "coisa preta na boca": ele nega para todos. Pergunto-lhe qual é exatamente a aparência da coisa preta; ele diz que é ferro preto. Minha primeira conjectura, de que ele estaria se referindo às grossas correias de couro dos arreios dos cavalos de carga, portanto não se confirma. Pergunto se o "preto" lembra um bigode; ele diz: só pela cor. Até agora, portanto, não sei do que na realidade se trata.

O medo está menor; desta vez ele já se atreve a ir até o prédio vizinho, mas volta rapidamente quando ouve ao longe o trotar de cavalos. Quando um coche passa diante de nosso portão e para, ele sente medo e corre para dentro de casa, pois o cavalo raspa o chão com a pata. Pergunto-lhe por que ele tem medo, se ele talvez sente medo porque o cavalo fez assim (bato com o pé). Ele diz: "Não faça um alvoroço desses com os pés!". Ver, a propósito, a afirmação sobre o cavalo que puxava o ônibus e caiu.

Assusta-o especialmente a passagem de uma carroça de mudanças. Então ele corre para dentro de casa. Pergunto-lhe de modo indiferente: "Uma dessas carroças de mudança não se parece no fundo com um ônibus puxado por cavalos?". Ele não diz nada. Repito a pergunta. Então ele diz: "Sim, é claro, senão eu não teria tanto medo de uma carroça de mudanças".

7 de abril. Hoje pergunto outra vez qual a aparência da "coisa preta na boca" dos cavalos. Hans diz: como uma focinheira. O mais notável é que há três dias não passa um cavalo em que ele possa constatar essa "focinheira"; eu próprio não vi em passeio algum um cavalo desses, embora Hans assegure que existam. Suponho que uma espécie de arreio de cabeça dos cavalos – o grosso correame em torno da boca, talvez – realmente o lembrou um bigode e que esse medo *também* desapareceu com minha alusão.

A melhora de Hans é constante, é maior o raio de seu círculo de ação, com o portão do prédio como centro; ele empreende inclusive a façanha de correr até a calçada situada defronte, algo impossível para ele até agora. Todo o medo que resta se relaciona com a cena do ônibus puxado por cavalos, cujo sentido, porém, ainda não me é claro.

9 de abril. Hoje cedo, Hans chega quando estou me lavando, com o tronco desnudo.

Hans: "Papai, como és bonito, tão branco!".

Eu: "É mesmo, como um cavalo branco".

Hans: "Só o bigode é preto (continuando). Ou talvez seja a focinheira preta?".

Conto-lhe então que na noite anterior eu estivera com o professor, e digo: "Ele quer saber de uma coisa", ao que Hans diz: "Mas agora estou curioso".

Digo-lhe que sei em que ocasião ele faz alvoroço com os pés. Ele me interrompe: "É mesmo, quando estou 'blabo' ou quando devo fazer *Lumpf* e prefiro brincar". (Quando está bravo, ele tem o costume de fazer alvoroço com os pés, isto é, bater os pés. – "Fazer *Lumpf*" significa defecar. Quando Hans era pequeno, ele disse certo dia, levantando-se do penico: "Olha o *Lumpf*". Ele queria dizer *Strumpf* [meia], por causa da forma e da cor. Essa denominação permaneceu até hoje. – Bem no começo, quando se precisava sentá-lo no penico e ele se recusava a deixar a brincadeira, ele batia os pés furiosamente, esperneava e eventualmente também se jogava no chão.)
"Tu também esperneias quando deves fazer xixi e não queres ir porque preferes brincar."
Ele: "Escuta, preciso fazer xixi", e sai, provavelmente como confirmação.

Em sua visita, o pai me perguntou o que o espernear do cavalo caído poderia ter lembrado a Hans, e eu disse que essa possivelmente poderia ter sido sua própria reação ao segurar a vontade de urinar. Hans confirma isso pelo reaparecimento da vontade de urinar durante o diálogo e ainda acrescenta outros significados do alvoroço com os pés.

Então nos dirigimos até a frente do portão do prédio. Quando se aproxima uma carroça de carvão, ele me diz: "Escuta, também tenho muito medo da carroça de carvão". Eu: "Talvez porque também seja tão grande quanto um ônibus puxado por cavalos". Hans: "Sim, e porque ela tem uma carga tão pesada e os cavalos têm tanto para puxar e podem cair facilmente. Quando uma carroça está vazia, não sinto medo". De fato, como já constatado anteriormente, apenas carroças pesadas o fazem sentir medo.

Apesar de tudo, a situação é bastante obscura. A análise faz poucos progressos; sua apresentação, receio, logo se tornará tediosa para o leitor. Entretanto, em toda psicanálise há tais períodos escuros. Em breve, Hans se encontrará num campo que não tínhamos esperado.

Chego em casa e converso com minha mulher, que fez diversas compras e as mostra para mim. Entre elas, há uma calcinha amarela. Hans diz algumas vezes: "Eca!", joga-se no chão e cospe. Minha mulher diz que ele já fez isso algumas vezes assim que viu a calcinha.
Pergunto: "Por que dizes *eca?*".
Hans: "Por causa da calcinha".
Eu: "Por que, por causa da cor, porque ela é amarela e lembra xixi ou *Lumpf?*".
Hans: "O *Lumpf* não é amarelo, ele é branco ou preto". – Imediatamente em seguida: "Escuta, a gente faz *Lumpf* fácil quando come queijo?". (Eu dissera isso certa vez quando ele me perguntou para que eu comia queijo.)

Eu: "Sim".

Hans: "É por isso que sempre vais logo cedo fazer *Lumpf*? Eu gostaria tanto de comer queijo no pão com manteiga".

Ontem ele já me perguntara enquanto saltitava pela rua: "Escuta, não é verdade que quando a gente salta tanto a gente faz *Lumpf* fácil?". – Desde sempre a defecação dele era difícil, Kindermeth[18] e clisteres são usados com frequência. Certa vez, sua habitual constipação foi tão forte que minha mulher pediu um conselho ao dr. L. Este achou que Hans era superalimentado, o que também era correto, e recomendou uma alimentação mais moderada, algo que resolveu de imediato a situação. Nos últimos tempos, a constipação voltou a ocorrer com mais frequência.

Após a refeição, digo: "Vamos escrever outra vez ao professor", e ele ditou para mim: "Quando vi a calcinha amarela eu disse 'eca', então cuspi, me joguei no chão, fechei os olhos e não olhei".

Eu: "Por quê?".

Hans: "Porque vi a calcinha amarela, e quando foi a calcinha preta[19] também fiz uma coisa assim. A preta também é desse tipo, só que era preta". (Interrompendo-se.) "Escuta, estou contente; quando posso escrever ao professor fico sempre muito contente."

---

18. Certa mistura laxativa para crianças. (N.T.)
19. Já faz algumas semanas, minha mulher possui uma calça de ginástica preta para passeios de bicicleta.

Eu: "Por que disseste *eca*? Sentiste nojo?".
Hans: "Sim, porque vi isso. Pensei que tinha que fazer *Lumpf*".
Eu: "Por quê?".
Hans: "Não sei".
Eu: "Quando foi que viste a calcinha preta?".
Hans: "Uma vez, quando fazia tempo que a Anna (nossa empregada) estava aqui – com a mamãe – ela tinha acabado de trazer da loja pra casa". (Esse dado é confirmado por minha mulher.)
Eu: "Também sentiste nojo?".
Hans: "Sim".
Eu: "Viste a *mamãe* usando uma calcinha dessas?".
Hans: "Não".
Eu: "Quando ela se vestia?".
Hans: "Já vi a amarela uma vez, quando a mamãe a comprou. (Contradição! Quando a mamãe comprou a amarela, ele a viu pela primeira vez.) A preta ela está vestindo hoje (correto!), porque vi quando ela a tirou hoje de manhã".
Eu: "O quê? De manhã ela tirou a calcinha preta?".
Hans: "De manhã, quando ela saiu, ela tirou a calcinha preta, e quando ela chegou vestiu a preta outra vez".
Questiono minha mulher, pois isso me parece absurdo. Ela diz que isso não é de modo algum verdadeiro; ela naturalmente não trocou a calcinha ao sair.
Pergunto imediatamente a Hans: "Contaste que a mamãe vestiu uma calcinha preta e, quando saiu,

ela a tirou, e assim que chegou vestiu-a outra vez. Mas a mamãe diz que isso não é verdade".

Hans: "Me parece que talvez esqueci que ela não tirou a calcinha. (Contrariado.) Me deixa em paz duma vez".

Para elucidação dessa história das calcinhas, observo: Hans evidentemente finge ao se mostrar tão contente por poder dar explicações sobre esse assunto. No fim, ele deixa cair a máscara e se torna grosseiro com o pai. Trata-se de coisas que anteriormente lhe tinham provocado *muito prazer* e das quais agora, após o recalcamento ter ocorrido, muito se envergonha, alegando ter nojo delas. Ele mente descaradamente a fim de atribuir outras motivações à troca de calcinhas da mamãe que observara; na realidade, o vestir e o desvestir da calcinha pertencem ao contexto do *Lumpf*. O pai sabe exatamente do que se trata aqui e o que Hans quer ocultar.

Pergunto à minha mulher se Hans esteve presente mais vezes quando ela ia ao banheiro. Ela diz: "Sim, com frequência", ele "pedincha" por tanto tempo até que ela permite; todas as crianças fazem isso, diz ela.

Contudo, queremos notar bem esse prazer, já recalcado hoje, de observar a mamãe ao fazer *Lumpf.*

Vamos para a frente do prédio. Ele está muito alegre, e, quando ele saltita sem parar feito um cavalo,

II. História clínica e análise

pergunto: "Escuta, quem é realmente um cavalo de puxar ônibus? Eu, tu ou a mamãe?".
Hans (de imediato): "Eu, eu sou um cavalo novo".
Quando, no mais intenso período de medo, ele viu cavalos saltando, teve medo e me perguntou por que eles faziam isso, eu disse para acalmá-lo: "Sabes, esses são cavalos novos, eles simplesmente saltam como os meninos novos. Afinal, tu também saltas e és um menino". Desde então, quando vê cavalos saltando, ele diz: "É verdade, são cavalos novos!".
Na escada, enquanto subimos, pergunto quase sem pensar: "Brincaste de cavalinho em Gmunden com as crianças?".
Ele: "Sim! (Refletindo.) Me parece que aí apanhei a bobagem".
Eu: "Quem era o cavalinho?".
Ele: "Eu, e a Berta era a condutora".
Eu: "Chegaste a cair quando eras o cavalinho?".
Hans: "Não! Quando a Berta disse 'anda!' eu corri depressa, até disparei numa corrida".[20]
Eu: "Nunca brincastes de ônibus?".
Hans: "Não, coche comum e cavalo sem coche. Quando o cavalo tem um coche, ele também pode andar sem coche e o coche pode estar em casa".
Eu: "Brincastes muitas vezes de cavalinho?".
Hans: "Muitas vezes. O Fritzl (como se sabe, outro filho do senhorio) também foi cavalinho uma vez e o Franzl foi cocheiro, e o Fritzl correu muito e de repente ele pisou numa pedra e sangrou".

---

20. Ele também tinha um jogo de cavalinhos com sinetas.

Eu: "Ele chegou a cair?".
Hans: "Não, ele colocou o pé na água e então colocou um pano por cima".[21]
Eu: "Foste cavalo muitas vezes?".
Hans: "Ah, sim".
Eu: "E foi então que apanhaste a bobagem".
Hans: "Porque eles sempre disseram 'por causa do cavalo' e 'por causa do cavalo' (ele enfatiza o 'por causa'), e assim talvez, porque falaram desse jeito, 'por causa do cavalo', é que talvez apanhei a bobagem".[22]

Por algum tempo, o pai investiga por outras sendas, sem resultado.

Eu: "Eles contaram alguma coisa sobre o cavalo?".
Hans: "Sim!".

---

21. Ver a respeito mais adiante. O pai supõe com inteiro acerto que Fritzl havia caído naquela ocasião.
22. Esclareço que Hans não quer dizer que apanhou a bobagem *naquela época*, mas em *conexão* com ela. Provavelmente acontece – a teoria o exige – que a mesma coisa que uma vez foi objeto de um grande prazer seja hoje o objeto da fobia. E então complemento para ele – o que a criança, afinal, não consegue dizer –, que a palavrinha *wegen* [por causa], começando pelo cavalo, abriu o caminho para a extensão da fobia até os *Wagen* [coches, carruagens, carroças] (ou, conforme Hans está acostumado a ouvir e a dizer: *Wägen* [cuja pronúncia é muito parecida a de *wegen*]). Jamais se deve esquecer que a criança trata as palavras de uma maneira muito mais material do que o adulto, e que por isso as homofonias lhe são muito significativas.

Eu: "O quê?".
Hans: "Eu esqueci."
Eu: "Será que falaram do fazedor de xixi?".
Hans: "Não!".
Eu: "Lá tu já tinhas medo do cavalo?".
Hans: "Não, eu não tinha medo nenhum".
Eu: "Será que a Berta falou que um cavalo...".
Hans (interrompendo): "Faz xixi? Não!".
Em 10 de abril retomo o diálogo do dia anterior e quero saber o que significava o "por causa do cavalo". Hans não consegue se recordar, sabe apenas que cedo havia várias crianças paradas diante do portão do prédio e que tinham dito "por causa do cavalo, por causa do cavalo". Ele próprio estava presente. Quando me torno mais insistente, ele declara que de forma alguma tinham dito "por causa do cavalo", que sua lembrança fora equivocada.
Eu: "Também estivestes com frequência na estrebaria, onde com certeza falastes do cavalo". – "Não falamos." – "Do que falastes?" – "De nada." – "Tantas crianças e não falastes de nada?" – "Alguma coisa nós falamos, mas não do cavalo." – "Do que, então?" – "Isso eu não sei mais agora."
Desisto, pois as resistências evidentemente são grandes demais[23], e pergunto: "Gostavas de brincar com a Berta?".

---

23. Nada mais há a extrair daí senão a ligação de palavras, que escapa ao pai. Um bom exemplo das condições sob as quais o esforço analítico malogra.

Ele: "Sim, muito, com a Olga não; sabes o que a Olga fez? A Grete lá de cima me deu uma vez de presente uma bola de papel e a Olga a rasgou inteira. A Berta nunca teria rasgado a bola. Eu gostei muito de brincar com a Berta".
Eu: "Viste como era o fazedor de xixi da Berta?".
Ele: "Não, mas vi o do cavalo porque eu estava sempre na estrebaria, e foi ali que vi o fazedor de xixi do cavalo".
Eu: "E então ficaste curioso por saber como é o fazedor de xixi da Berta e da mamãe?".
Ele: "Sim!".
Recordo-lhe que certa vez ele se queixou para mim de que as mocinhas sempre queriam olhar quando ele fazia xixi.
Ele: "A Berta também me olhava sempre (ele não está de modo algum ofendido, mas muito satisfeito), muitas vezes. Eu fiz xixi ali onde fica a horta pequena, onde estão os rábanos, e ela ficou na frente do portão e olhou".
Eu: "E quando ela fazia xixi tu olhavas?".
Ele: "Ela ia ao banheiro".
Eu: "E tu ficaste curioso?".
Ele: "Eu estava dentro do banheiro quando ela estava dentro".
(Está correto; o casal de proprietários nos contou isso uma vez e me lembro de que proibimos Hans de fazê-lo.)
Eu: "Disseste a ela que querias entrar?".

Ele: "Entrei sozinho e porque a Berta permitiu. Isso não é uma vergonha".
Eu: "E terias gostado de ver o fazedor de xixi".
Ele: "Sim, mas eu não vi".
Recordo-o do sonho de Gmunden: o que a prenda em minha mão etc., e pergunto: "Desejaste em Gmunden que a Berta te levasse para fazer xixi?".
Ele: "Eu nunca disse isso pra ela".
Eu: "Por que nunca disseste para ela?".
Ele: "Porque não pensei nisso. (Interrompendo-se.) Se eu escrever tudo para o professor a bobagem vai passar logo, logo, não é verdade?".
Eu: "Por que desejaste que a Berta te levasse para fazer xixi?".
Ele: "Eu não sei. Porque ela ficou olhando".
Eu: "Imaginaste ela colocando a mão no fazedor de xixi?".
Ele: "Sim. (Mudando de assunto.) Em Gmunden foi muito divertido. Na horta pequena, onde ficam os rábanos, há um montinho de areia, ali eu brinco com a pá".
(Essa é a horta onde ele sempre fez xixi.)
Eu: "Em Gmunden, quando estavas deitado na cama, puseste a mão no fazedor de xixi?".
Ele: "Não, ainda não. Em Gmunden eu dormi tão bem que nem pensei nisso. Só fiz isso na rua ***[24] e agora".

---

24. No apartamento antigo, antes da mudança.

Eu: "Mas a Berta nunca colocou a mão no teu fazedor de xixi?".
Ele: "Ela nunca fez isso, não, porque eu nunca disse isso pra ela".
Eu: "Quando foi que desejaste isso?".
Ele: "Um dia desses em Gmunden".
Eu: "Só uma vez?".
Ele: "Sim, muitas vezes".
Eu: "Sempre que fazias xixi ela ficava olhando; talvez ela estivesse curiosa por saber como fazes xixi".
Ele: "Talvez ela estivesse curiosa de ver como é o meu fazedor de xixi".
Eu: "Mas tu também estavas curioso; só em relação à Berta?".
Ele: "À Berta, à Olga".
Eu: "A quem mais?".
Ele: "Mais ninguém".
Eu: "Mas isso não é verdade. Em relação à mamãe também".
Ele: "Sim, à mamãe".
Eu: "Mas agora não estás mais curioso. Sabes como é o fazedor de xixi da Hanna?".
Ele: "Mas ele vai crescer, não é?".[25]
Eu: "Sim, com certeza, mas quando ele crescer não vai ser como o teu".
Ele: "Eu sei. Ele vai ser assim" (isto é, tal como é agora) "só que maior".

---

25. Ele quer ter a segurança de que seu próprio fazedor de xixi crescerá.

Eu: "Ficaste curioso em Gmunden quando a mamãe tirava a roupa?".
Ele: "Sim, também vi o fazedor de xixi da Hanna durante o banho".
Eu: "Da mamãe também?".
Ele: "Não!".
Eu: "Tiveste nojo quando viste a calcinha da mamãe".
Ele: "Só quando vi a preta, quando ela a comprou, então eu cuspo, mas quando ela veste ou tira a calcinha então eu não cuspo. *Então eu cuspo porque a calcinha preta é preta como um* Lumpf *e a amarela é como um xixi, e então eu acho que preciso fazer xixi.* Quando a mamãe usa a calcinha, eu não a vejo, então as roupas estão por cima".
Eu: "E quando ela tira as roupas?".
Ele: "Então eu não cuspo. Mas quando ela está nova, então ela parece um *Lumpf*. Quando ela fica velha, a cor sai e ela fica suja. Quando a gente compra ela, ela está completamente limpa, em casa a gente já a sujou. Quando ela é comprada, ela é nova, e quando ela não é comprada, é velha".
Eu: "Então não tens nojo da velha?".
Ele: "Quando ela está velha, ela está muito mais preta do que um *Lumpf*, não é verdade? Ela fica um pouco mais preta".[26]

---

26. Nosso Hans luta aí com um tema que não consegue apresentar, e nos é difícil compreendê-lo. Talvez ele se refira ao fato de as calcinhas só despertarem a recordação do nojo quando as vê isoladamente; tão logo estejam no corpo da mãe, ele não as relaciona mais com *Lumpf* ou xixi, então elas o interessam de outro modo.

Eu: "Estiveste muitas vezes com a mamãe no banheiro?".
Ele: "Muitas vezes".
Eu: "Então tu tiveste nojo?".
Ele: "Sim... não!".
Eu: "Tu gostas de estar junto quando a mamãe faz xixi ou *Lumpf*?".
Ele: "Gosto muito".
Eu: "Por que gostas tanto?".
Ele: "Não sei".
Eu: "Porque achas que vais ver o fazedor de xixi".
Ele: "Sim, também acho isso".
Eu: "Mas por que nunca queres ir ao banheiro em Lainz?".
(Em Lainz ele sempre me pede para não levá-lo ao banheiro; certa vez, ele teve medo do barulho que a água da descarga fez quando acionada.)
Ele: "Talvez porque faça um alvoroço quando a gente puxa".
Eu: "Aí tens medo".
Ele: "Sim!".
Eu: "E em nosso banheiro aqui?".
Ele: "Aqui não. Em Lainz eu me assusto quando puxas a descarga. Quando estou dentro e a água desce então também me assusto".
Para me mostrar que não tem medo em nosso apartamento, ele me desafia a ir ao banheiro e acionar a descarga. Então ele me explica:

II. História clínica e análise

"Primeiro há um alvoroço forte, depois um mais leve (quando a água cai). Quando faz um alvoroço forte eu prefiro ficar dentro, quando faz um fraco eu prefiro sair."
Eu: "Porque tens medo?".
Ele: "Porque sempre gosto de ver (corrige-se), de ouvir um alvoroço forte, e então prefiro ficar dentro para ouvi-lo bem".
Eu: "O que te lembra um alvoroço forte?".
Ele: "De que preciso fazer *Lumpf* no banheiro". (Ou seja, o mesmo que a calcinha preta.)
Eu: "Por quê?".
Ele: "Não sei. Sei que um alvoroço forte tem o mesmo som de quando a gente faz *Lumpf*. Um alvoroço grande lembra o *Lumpf*, um pequeno, o xixi (ver a calcinha preta e a amarela)".
Eu: "Escuta, o cavalo que puxava o ônibus não tinha a mesma cor que um *Lumpf*?". (Segundo ele tinha dito, o cavalo era preto.)
Ele (muito perplexo): "Sim!".

Preciso intercalar algumas palavras. O pai pergunta demais e investiga de acordo com seus próprios desígnios em vez de deixar o pequeno se manifestar. Graças a isso, a análise se torna intransparente e incerta. Hans segue seu próprio caminho e não oferece nada quando se quer atraí-lo para longe dele. Seu interesse se concentra agora de forma evidente no *Lumpf* e no xixi, não sabemos por quê. A história do alvoroço está tão insatisfatoriamente esclarecida quanto a história com as calcinhas amarela e preta. Presumo que seu ouvido aguçado tenha percebido muito bem a diferença dos ruídos quando urinam um homem ou uma mulher. Porém, de uma maneira um tanto artificial, a análise comprimiu o material na oposição das duas necessidades. Ao leitor que ainda não tiver ele próprio feito uma análise, só posso aconselhar a não querer compreender tudo de imediato, mas dar a tudo o que vem uma certa atenção imparcial e esperar pelo resto.

11 de abril. Hoje cedo Hans vem novamente ao quarto e, como em todos os últimos dias, é mandado para fora.

Mais tarde ele conta: "Escuta, pensei uma coisa: *"Eu estou na banheira*[27]*, aí vem o serralheiro e solta os parafusos dela.*[28] *Aí ele apanha uma grande broca e me golpeia na barriga.*"

O pai traduz essa fantasia.

"Estou na cama com a mamãe. Aí chega o papai e me expulsa. Com o seu grande pênis ele toma meu lugar junto à mamãe."

Ainda queremos adiar nosso juízo.

Além disso, ele conta uma segunda coisa que imaginara: "Viajamos de trem a Gmunden. Na estação

---

27. Hans é banhado pela mamãe.
28. Para levá-la ao conserto.

vestimos as roupas, mas não terminamos e o trem vai embora conosco".
Mais tarde, pergunto: "Já viste alguma vez um cavalo fazer *Lumpf?*".
Hans: "Sim, muitas vezes".
Eu: "Ele faz um alvoroço forte ao fazer *Lumpf?*".
Hans: "Sim!".
Eu: "O que te lembra o alvoroço?".
Hans: "Como se o *Lumpf* caísse no penico".
O cavalo que puxa o ônibus, cavalo que cai e faz alvoroço com as patas, é provavelmente... um *Lumpf* que cai e nisso faz barulho. O medo da defecação, o medo de carroças pesadamente carregadas é em geral idêntico ao medo de ventres pesadamente carregados.

Por esses rodeios, o pai começa a compreender o correto estado de coisas.

11 de abril. Hans diz durante o almoço: "Se apenas tivéssemos uma banheira em Gmunden para que eu não precisasse ir ao balneário". É que em Gmunden, para tomar um banho quente, ele sempre era levado ao balneário próximo, contra o que ele costumava protestar com forte choro. Em Viena ele também grita sempre quando é sentado ou deitado para tomar banho na banheira grande. Ele precisa ser banhado de joelhos ou de pé.

Essa fala de Hans, que agora começa a dar alimento à análise por meio de manifestações independentes, estabelece a ligação entre suas duas últimas fantasias (a do serralheiro que desaparafusa a banheira e a da viagem malograda a Gmunden). Da última, o pai deduziu com razão uma aversão a Gmunden. De resto, outra vez uma boa admoestação de que cabe compreender o que emerge do inconsciente não com a ajuda de elementos anteriores, e sim com a ajuda de elementos posteriores.

Pergunto-lhe se e do que ele tem medo.
Hans: "Porque caio nela".
Eu: "Mas por que nunca tiveste medo quando tomavas banho na banheira pequena?".
Hans: "Nela eu ficava sentado, não podia me deitar, ela era muito pequena".
Eu: "Quando andavas de barco em Gmunden não tinhas medo de cair na água?".
Hans: "Não, porque eu me segurava e aí não posso cair. Só tenho medo de cair dentro da banheira grande".
Eu: "Mas a mamãe te dá banho. Tens medo de que a mamãe te jogará na água?".
Hans: "De que ela tire as mãos e eu caia na água de cabeça".
Eu: "Mas tu sabes que a mamãe gosta de ti, que ela não vai tirar as mãos".
Hans: "Eu só pensei".
Eu: "Por quê?".
Hans: "Com certeza não sei".
Eu: "Talvez porque foste malcriado e acreditaste que ela não gostava mais de ti?".

II. História clínica e análise

Hans: "Sim!".
Eu: "Quando estavas presente enquanto a mamãe dava banho na Hanna, será que desejaste que ela soltasse a mão para que a Hanna caísse?".
Hans: "Sim".

Acreditamos que o pai descobriu isso com muito acerto.

12 de abril. No retorno de Lainz, na segunda classe, Hans diz ao ver as almofadas pretas de couro: "Eca, aí eu cuspo, quando são calcinhas pretas e cavalos pretos eu também cuspo porque preciso fazer *Lumpf*".
Eu: "Será que viste algo preto na mamãe que te assustou?".
Hans: "Sim!".
Eu: "O que foi?".
Hans: "Eu não sei. Uma blusa preta ou meias pretas".
Eu: "Talvez pelos pretos ao fazer xixi, quando estavas curioso e olhaste".
Hans (desculpando-se): "Mas eu não vi o fazedor de xixi".
Quando ele sentiu medo outra vez assim que uma carroça saía pelo portão do pátio defronte, perguntei: "Esse portão não parece um bumbum?".
Ele: "E os cavalos são os *Lumpf!*". Desde então, quando ele vê uma carroça saindo, ele sempre diz:

"Olha, vem um *Lumpfi*". Normalmente, a forma *Lumpfi* lhe é inteiramente alheia, ela soa como uma palavra carinhosa. Minha cunhada sempre chama o filho de *Wumpfi*.

Em 13 de abril ele vê um pedaço de fígado na sopa e diz: "Eca, um *Lumpf*". Ele também só come carne moída com visível desagrado por causa da forma e da cor, que o lembram um *Lumpf*.

À noite, minha mulher conta que Hans estivera na sacada e dissera: "Pensei que a Hanna estava na sacada e caiu". Eu havia lhe dito muitas vezes que prestasse atenção quando a Hanna estivesse na sacada para que ela não se aproximasse muito da balaustrada, que fora construída de maneira extremamente desajeitada – com grandes aberturas que tive de mandar diminuir com uma tela de arame – por um serralheiro secessionista.[29] O desejo recalcado de Hans é bastante transparente. A mamãe lhe pergunta se ele preferia que a Hanna não estivesse aí, o que ele responde de modo afirmativo.

14 de abril. O tema Hanna está em primeiro plano. Ele tinha, como se pode recordar de anotações anteriores, uma grande aversão à recém-nascida que o despojara de uma parte do amor dos pais, aversão que mesmo agora ainda não tinha desaparecido por inteiro e que era supercompensada apenas em

---

29. Membro da Secessão, nome adotado pelo modernismo na Áustria. (N.T.)

parte por uma ternura desmedida.³⁰ Várias vezes ele já dissera que a cegonha não deveria mais trazer crianças, que deveríamos dar-lhe dinheiro para que ela não tirasse mais criança alguma *da grande caixa* onde ficam as crianças. (Ver o medo da carroça de mudanças. Um ônibus não se parece com uma grande caixa?) A Hanna, diz ele, faz muita gritaria, o que o incomoda.

Certa vez, ele diz de repente: "Tu te lembras quando a Hanna chegou? Ela estava deitada com a mamãe na cama, tão querida e obediente". (Esse elogio soou suspeitamente falso!)

Depois, embaixo, diante do prédio. Percebe-se de novo um grande progresso. Mesmo carroças de carga lhe inspiram pouco medo. Certa vez, ele exclama quase contente: "Lá vem um cavalo com algo preto na boca", e posso finalmente constatar que se tratava de um cavalo com uma focinheira de couro. Mas Hans não tem medo algum desse cavalo. Uma vez, ele bate com sua vareta no calçamento e pergunta: "Escuta, há um homem aí embaixo... alguém que está enterrado... ou isso só existe no cemitério?". Portanto, ocupa-o não só o enigma da vida, mas também o da morte.

Assim que retornamos, vejo uma caixa no vestíbulo e Hans diz: "Hanna foi conosco a Gmunden numa

---

30. Se o tema "Hanna" substitui imediatamente o tema "*Lumpf*", a razão disso finalmente nos fica clara. A Hanna é ela própria um "*Lumpf*", crianças são *Lumpf*!

caixa dessas. Sempre que fomos a Gmunden ela foi junto na caixa. Já não estás acreditando em mim de novo? É verdade, papai. Acredita em mim. Ganhamos uma caixa grande e ela está cheia de crianças, elas ficam sentadas na banheira. (Na caixa fora embalada uma pequena banheira.) Eu as sentei dentro dela, é verdade. Eu me lembro bem".[31]

Eu: "Do que tu te lembras?".

Hans: "Que a Hanna viajou na caixa, porque eu não esqueci. Minha palavra de honra!".

Eu: "Mas no ano passado a Hanna viajou conosco no compartimento do trem".

Hans: *"Mas antes ela sempre viajava na caixa"*.

Eu: "A caixa não era da mamãe?".

Hans: "Sim, era da mamãe!".

Eu: "Mas onde?".

Hans: "Em casa, no sótão".

Eu: "Será que ela não a carregou consigo?".[32]

Hans: "Não! Se agora formos viajar a Gmunden a Hanna também vai viajar na caixa".

---

31. Agora ele começa a fantasiar. Ficamos sabendo que a caixa e a banheira significam-lhe a mesma coisa, são representações do espaço em que as crianças se encontram. Atentemos para as suas repetidas asseverações!

32. A caixa é naturalmente o ventre materno. O pai quer indicar a Hans que compreende isso. A caixinha na qual os heróis do mito são lançados à água, desde o rei Sargão de Agade, tampouco é outra coisa. [*Acréscimo de 1923:*] Ver o estudo de Rank *Der Mythus von der Geburt des Helden* [O mito do nascimento do herói], 1909 (segunda edição em 1922).

Eu: "Mas como foi que ela saiu da caixa?".
Hans: "Ela foi tirada".
Eu: "Pela mamãe?".
Hans: "Por mim e pela mamãe, então embarcamos no coche e a Hanna montou no cavalo e o cocheiro disse 'anda'. O cocheiro estava na boleia. Tu estavas junto? A mamãe até lembra. A mamãe não lembra, ela já esqueceu de novo, mas não dizer nada pra ela!".
Peço que ele repita tudo.
Hans: "Então a Hanna apeou".
Eu: "Mas ela nem podia andar".
Hans: "Então nós a tiramos lá de cima".
Eu: "Mas como foi que ela pôde ficar sentada no cavalo, no ano passado ela nem conseguia sentar".
Hans: "Ah, sim, ela já sentava e gritou 'anda' e chicoteou 'anda, anda' com o chicote, que antes era meu. O cavalo não tinha estribo e a Hanna cavalgou; mas talvez não de brincadeira, papai".

O que significa esse absurdo ao qual Hans se aferra obstinadamente? Oh, não é um absurdo; é uma paródia e a vingança de Hans contra o pai. Significa o mesmo que: *se podes exigir de mim que acredite que a cegonha trouxe a Hanna em outubro, quando percebi o grande ventre da mãe já no verão ao viajarmos a Gmunden, então posso exigir que acredites em minhas mentiras*. O que poderá significar a afirmação de que a Hanna já viajara "na caixa" a Gmunden no verão passado senão que ele sabe da gravidez da mãe? O fato de ele ter a perspectiva da repetição dessa viagem na caixa em todos os anos subsequentes corresponde a uma forma frequente de aparecimento de um pensamento inconsciente oriundo do passado, ou isso tem razões especiais e expressa seu medo de ver tal gravidez repetir-se na próxima viagem de verão. Agora também ficamos sabendo do nexo que lhe arruinou a viagem a Gmunden, algo aludido por sua segunda fantasia.

> Mais tarde, pergunto-lhe como exatamente a Hanna foi parar na cama da mamãe após o nascimento.

> Então ele pode começar com ímpeto e "achincalhar" o pai.

> Hans: "A Hanna simplesmente chegou. A sra. Kraus (a parteira) a pôs na cama. Afinal, ela não podia caminhar. Mas a cegonha a carregou no bico. Caminhar ela não podia, afinal. (Prosseguindo de um fôlego.) A cegonha foi até o corredor pelos degraus e então ela bateu e aí todos dormiam e ela tinha a chave certa e abriu a porta e pôs a Hanna na *tua*[33] cama e a mamãe dormia – não, a cegonha a pôs na *cama dela*. Já era bem tarde da noite, e então a cegonha a pôs com toda a calma na cama, não esperneou nem um pouco, e então ela apanhou o chapéu, e então ela se foi. Não, ela não tinha chapéu".

---

33. Zombaria, naturalmente! Assim como o posterior pedido de não revelar o segredo para a mamãe.

Eu: "Quem apanhou o chapéu? O doutor, quem sabe?".
Hans: "Então a cegonha foi embora, foi pra casa, e então ela telefonou e todas as pessoas da casa não dormiram mais. Mas não conta isso pra mamãe e pra Tinni (a cozinheira). Isso é segredo!".
Eu: "Tu gostas da Hanna?".
Hans: "Ah, sim, gosto muito".
Eu: "Terias preferido que a Hanna não tivesse vindo ao mundo, ou preferes que ela esteja no mundo?".
Hans: "Eu teria preferido que ela não tivesse vindo ao mundo".
Eu: "Por quê?".
Hans: "Pelo menos ela não grita tanto e eu não consigo aguentar a gritaria".
Eu: "Mas tu mesmo gritas".
Hans: "A Hanna também grita".
Eu: "Por que não consegues aguentar isso?".
Hans: "Porque ela grita tão alto".
Eu: "Mas ela nem sequer grita".
Hans: "Quando a gente bate no bumbum pelado dela, então ela grita".
Eu: "Bateste nela alguma vez?".
Hans: "Quando a mamãe bate no bumbum dela, então ela grita".
Eu: "Tu não gostas disso?".
Hans: "Não... Por quê? Porque ela faz um baita alvoroço com a gritaria".
Eu: "Se preferirias que ela não estivesse no mundo, então não gostas nem um pouco dela".

Hans: "Hm, hm" (concordando).
Eu: "Por isso pensaste que se a mamãe tirasse as mãos quando dá banho nela, ela poderia cair na água...".
Hans (completa): "...e morrer".
Eu: "E então estarias sozinho com a mamãe. E um menino bem-comportado não deseja isso".
Hans: *"Mas ele pode pensar"*.
Eu: "Mas isso não é bom".
Hans: *"Se ele pensa isso, então é bom que a gente escreva isso para o professor"*.[34]
Mais tarde, digo-lhe: "Sabes, quando a Hanna ficar maior e puder falar, já gostarás mais dela".
Hans: "Ah, não. Eu gosto dela. Quando ela estiver grande, no outono, vou ir só com ela ao parque municipal e vou lhe explicar tudo".
Quando pretendo começar outra explicação ele me interrompe, provavelmente para me explicar que não é tão grave que ele deseje a morte da Hanna.
Hans: "Escuta, ela já estava no mundo há muito tempo, mesmo quando ainda não estava aqui. Ela também já estava no mundo quando estava com a cegonha".
Eu: "Não, talvez ela não estivesse com a cegonha".
Hans: "Mas quem foi que a trouxe? Ela estava com a cegonha".

---

34. Pequeno e valente Hans! Eu não desejaria melhor compreensão da psicanálise no caso de um adulto.

Eu: "Mas de onde foi que a cegonha a trouxe?".
Hans: "Ora, da casa dela".
Eu: "Mas onde a cegonha a mantinha?".
Hans: "Na caixa, na *caixa da cegonha*".
Eu: "Como é essa caixa?".
Hans: "Vermelha. Pintada de vermelho". (Sangue?)
Eu: "Quem foi que te disse isso?".
Hans: "A mamãe – eu que pensei – está no livro".
Eu: "Em que livro?".
Hans: "No livro ilustrado". (Peço que me tragam seu primeiro livro ilustrado. Nele há a ilustração de um ninho de cegonha com filhotes sobre uma chaminé vermelha. Essa é a caixa; curiosamente, na mesma página vê-se um cavalo sendo ferrado. Hans desloca as crianças para a caixa, já que não as encontra no ninho.)
Eu: "Mas o que foi que a cegonha fez com ela?".
Hans: "Então ela trouxe a Hanna pra cá. No bico. Sabes, a cegonha que está em Schönbrunn, a que morde o guarda-chuva". (Reminiscência de um pequeno incidente em Schönbrunn.)
Eu: "Viste a cegonha trazer a Hanna?".
Hans: "Escuta, eu ainda estava dormindo. De manhã nenhuma cegonha pode trazer uma mocinha ou um menino".
Eu: "Por quê?".
Hans: "Ela não pode. Isso uma cegonha não pode. Sabes por quê? Para que as pessoas não vejam, e,

de repente, quando a manhã chega, aí está uma mocinha".[35]

Eu: "Mas naquela época estavas bem curioso por saber como a cegonha fez isso".

Hans: "Ah, sim!".

Eu: "Como era a Hanna quando chegou?".

Hans (dissimulado): "Bem branca e querida. Encantadora".

Eu: "Mas quando a viste pela primeira vez ela não te agradou".

Hans: "Ah, agradou muito!".

Eu: "Ficaste surpreso por ela ser tão pequena?".

Hans: "Sim!".

Eu: "O quanto ela era pequena?".

Hans: "Feito um filhote de cegonha".

Eu: "Como era mesmo? Como um *Lumpf*, talvez?".

Hans: "Ah, não, um *Lumpf* é muito maior... um pouquinho menor, realmente como a Hanna".

Eu havia predito ao pai que a fobia do pequeno se deixaria explicar pelos pensamentos e desejos por ocasião do nascimento da irmãzinha, mas deixei de chamar sua atenção para o fato de uma criança ser um "*Lumpf*" na teoria sexual infantil, de modo que Hans passaria pelo

---

35. Não nos queixemos da inconsequência de Hans. No diálogo anterior veio à luz, oriunda do inconsciente, a descrença na cegonha, ligada à irritação em relação ao pai cheio de segredinhos. Agora ele ficou mais calmo e responde com pensamentos oficiais, nos quais arranjou explicações para as muitas dificuldades relacionadas com a hipótese da cegonha.

complexo excrementício. Dessa minha negligência originou-se o momentâneo obscurecimento do tratamento. Agora, uma vez feito o esclarecimento, o pai tenta ouvir Hans uma segunda vez acerca desse importante ponto.

> No dia seguinte, peço que Hans repita a história contada no dia anterior. Ele conta: "A Hanna viajou a Gmunden na grande caixa, e a mamãe no compartimento do trem e a Hanna viajou no trem de carga com a caixa, e então, quando chegamos em Gmunden, eu e a mamãe tiramos a Hanna e a colocamos sobre o cavalo. O cocheiro estava na boleia e a Hanna tinha o chicote anterior (do ano anterior) e chicoteou o cavalo e sempre dizia: 'anda', e isso era sempre divertido, e o cocheiro também chicoteava. – O cocheiro não chicoteou coisa nenhuma, porque a Hanna tinha o chicote. – O cocheiro tinha as rédeas – também a Hanna tinhas as rédeas (sempre íamos da estação à casa num coche; Hans busca aqui harmonizar a realidade e a fantasia). Em Gmunden tiramos a Hanna do cavalo, e ela subiu os degraus sozinha". (Quando Hanna esteve em Gmunden no ano passado ela tinha oito meses. Um ano antes, época à qual a fantasia de Hans evidentemente se refere, haviam se completado cinco meses de gravidez por ocasião da chegada em Gmunden.)
> Eu: "A Hanna já estava aí no ano passado".
> Hans: "Ano passado ela andou de coche, mas um ano antes, quando ela estava conosco no mundo...".

Eu: "Ela já estava conosco?".
Hans: "Sim, tu sempre vinhas para andar de barco comigo, e a Anna te servia".
Eu: "Mas isso não foi no ano passado, aí a Hanna nem tinha nascido".
Hans: "*Sim, ela tinha nascido.* Quando viajou na caixa, ela já conseguia caminhar, já conseguia dizer 'Anna'". (Ela consegue fazê-lo há apenas quatro meses.)
Eu: "Mas aí ela ainda nem estava conosco".
Hans: "Ah, sim, ela estava com a cegonha".
Eu: "Que idade tem a Hanna afinal?".
Hans: "Ela vai fazer dois anos no outono. A Hanna estava aí, tu sabes disso".
Eu: "E quando ela estava com a cegonha na caixa da cegonha?".
Hans: "Há tempo, antes de viajar na caixa. Há muito tempo".
Eu: "Há quanto tempo a Hanna pode caminhar? Quando estava em Gmunden ela ainda não podia caminhar".
Hans: "No ano passado não, normalmente sim".
Eu: "Mas a Hanna só esteve uma vez em Gmunden".
Hans: "Não! Ela esteve duas vezes; sim, está certo. Consigo me lembrar muito bem. Só pergunta pra mamãe, ela já vai te dizer".
Eu: "Mas isso não é verdade".
Hans: "Sim, é verdade. *Quando esteve em Gmunden da primeira vez ela conseguia andar e cavalgar, e*

mais tarde a gente teve que carregá-la. – Não, ela só cavalgou mais tarde e no ano passado a gente teve que carregá-la".
Eu: "Mas faz bem pouco tempo que ela caminha. Em Gmunden ela não conseguia caminhar".
Hans: "Sim, escreva isso. Consigo me lembrar muito bem. – Por que estás rindo?".
Eu: "Porque és um embusteiro, porque sabes muito bem que a Hanna só esteve uma vez em Gmunden".
Hans: "Não, isso não é verdade. Da primeira vez ela cavalgou no cavalo... e da segunda vez (fica evidentemente inseguro)".
Eu: "Será que o cavalo era a mamãe?".
Hans: "Não, um cavalo de verdade, atrelado ao coche de um cavalo".
Eu: "Mas nós sempre andávamos com um coche puxado por dois cavalos".
Hans: "Então era um fiacre".
Eu: "O que a Hanna comeu na caixa?".
Hans: "A gente deu um pão com manteiga e arenque e rábano pra ela (um jantar em Gmunden), e quando a Hanna viajou ela passou a manteiga no pão e comeu cinquenta vezes".
Eu: "A Hanna não gritou?".
Hans: "Não!".
Eu: "O que ela fez, afinal?".
Hans: "Ficou sentada bem quietinha lá dentro".
Eu: "Ela não deu batidas?".

Hans: "Não, ela comeu sem parar e nem sequer se mexeu. Ela esvaziou dois grandes bules de café – até de manhã tudo tinha sumido e o lixo ela deixou na caixa, as folhas dos dois rábanos e uma faca de cortar rábanos; ela limpou tudo feito uma lebre, um minuto e ela estava pronta. Foi uma correria. Eu até viajei com a Hanna na caixa, eu dormi na caixa a noite toda (há dois anos viajamos de fato a Gmunden durante a noite) e a mamãe viajou no compartimento do trem. Sempre comemos, mesmo no coche, foi uma diversão. – Ela não cavalgou no cavalo coisa nenhuma (agora ele ficou inseguro, pois sabe que andamos num coche puxado por dois cavalos)... ela ficou sentada no coche. Isso é o certo, mas viajamos bem sozinhos, eu e a Hanna... a mamãe cavalgou no cavalo, a Karoline (nossa empregada do ano anterior), no outro... Escuta, o que estou aí te contando nem sequer é verdade".
Eu: "O que não é verdade?".
Hans: "Nada é. Escuta, nós colocamos ela e eu na caixa[36] e vou fazer xixi na caixa. Vou fazer xixi nas calças, nem me importa, não é vergonha nenhuma. Escuta, isso não é brincadeira, mas é bem divertido!".
Então ele conta a história de como a cegonha chegou, tal como ontem, apenas deixando de fora que ela apanhou o chapéu ao sair.
Eu: "Onde a cegonha tinha a chave da porta?".

---

36. A caixa para a bagagem de Gmunden, que está no vestíbulo.

Hans: "No bolso".
Eu: "Mas onde a cegonha tem um bolso?".
Hans: "No bico".
Eu: "Ela a tinha no bico! Ainda não vi uma cegonha que tivesse uma chave no bico".
Hans: "Mas como foi então que ela entrou? Como é que a cegonha passa pela porta? Isso nem é verdade, eu só me enganei; a cegonha toca a campainha e alguém abre".
Eu: "Como é que ela toca a campainha?".
Hans: "Apertando a campainha".
Eu: "Como é que ela faz isso?".
Hans: "Ela pega o bico e aperta com o bico".
Eu: "E ela fechou a porta outra vez?".
Hans: "Não, uma empregada a fechou. Ela já estava de pé, foi ela que abriu e fechou a porta para a cegonha".
Eu: "Onde é a casa da cegonha?".
Hans: "Onde? Na caixa, onde ela tem as mocinhas. Talvez em Schönbrunn".
Eu: "Não vi caixa nenhuma em Schönbrunn".
Hans: "Ela deve estar mais longe. – Sabes como a cegonha abre a caixa? Ela pega o bico – a caixa também tem uma chave – ela pega o bico e deixa uma (uma metade do bico) em cima e assim ela abre (demonstra para mim com a fechadura da escrivaninha). Isso também é uma alça".
Eu: "Uma mocinha dessas não é muito pesada para ela?".

Hans: "Ah, não!".
Eu: "Escuta, um ônibus puxado por cavalos não se parece com uma caixa da cegonha?".
Hans: "Sim!".
Eu: "E uma carroça de mudança?".
Hans: "Uma carroça de gentalha também" (gentalha: xingamento para crianças malcriadas).

17 de abril. Ontem Hans executou seu propósito há muito planejado e foi ao pátio defronte. Hoje ele não quis fazê-lo, pois exatamente em frente ao portão de entrada havia uma carroça parada junto à rampa de carga e descarga. Ele me disse: "Quando há uma carroça parada ali, tenho medo de *bulir com os cavalos* e que eles caiam e façam um alvoroço com as patas".
Eu: "Como é que a gente bole com os cavalos?".
Hans: "Quando a gente os xinga a gente bole com eles, quando grita *anda, anda*".[37]
Eu: "Já buliste com os cavalos?".
Hans: "Sim, já fiz isso muitas vezes. Tenho medo de fazê-lo, mas não é verdade".
Eu: "Já buliste com os cavalos em Gmunden?".
Hans: "Não!".
Eu: "Mas gostas de bulir com os cavalos?".
Hans: "Ah, sim, gosto muito!".
Eu: "Gostarias de chicoteá-los?".

---

37. Com frequência lhe causara grande medo quando cocheiros batiam nos cavalos e gritavam "anda".

Hans: "Sim!".
Eu: "Gostarias de bater nos cavalos como a mamãe faz com a Hanna? Afinal, gostas disso".
Hans: "Não faz mal nenhum aos cavalos quando a gente bate neles. (Foi o que eu lhe disse em dado momento para diminuir seu medo do chicotear infligido aos cavalos.) Uma vez eu fiz isso de verdade. Uma vez eu estava com o chicote e chicoteei o cavalo e ele caiu e fez alvoroço com as patas".
Eu: "Quando?".
Hans: "Em Gmunden".
Eu: "Um cavalo de verdade? Que estava atrelado ao coche?".
Hans: "Ele não estava no coche".
Eu: "Onde estava então?".
Hans: "Eu simplesmente o segurei para não sair correndo". (Tudo isso naturalmente soava inverossímil.)
Eu: "Onde foi isso?".
Hans: "No poço".
Eu: "Quem foi que te autorizou? O cocheiro o deixou ali parado?".
Hans: "Foi um cavalo da estrebaria".
Eu: "Como foi que ele chegou ao poço?".
Hans: "Eu o levei pra lá".
Eu: "De onde? Da estrebaria?".
Hans: "Eu o levei pra fora porque queria chicoteá-lo".
Eu: "Não havia ninguém na estrebaria?".
Hans: "Ah, sim, o Loisl (o cocheiro de Gmunden)".

Eu: "Ele te autorizou?".
Hans: "Falei gentilmente com ele, e ele disse que eu poderia fazê-lo".
Eu: "O que lhe disseste?".
Hans: "Se eu podia pegar o cavalo e chicotear e gritar. Ele disse que sim".
Eu: "Chicoteaste-o muito?".
Hans: "*O que estou te contando nem é verdade*".
Eu: "O que é verdade nisso?".
Hans: "Nada é verdade, só te contei isso de brincadeira".
Eu: "Nunca tiraste um cavalo da estrebaria?".
Hans: "Ah, não!".
Eu: "Desejaste fazê-lo".
Hans: "Sim, eu desejei, eu pensei nisso".
Eu: "Em Gmunden?".
Hans: "Não, só aqui. Pensei nisso já de manhã, quando estava completamente vestido; não, de manhã na cama".
Eu: "Por que nunca me contaste?".
Hans: "Não pensei nisso".
Eu: "Pensaste nisso porque o viste na rua".
Hans: "Sim!".
Eu: "Em quem na verdade gostarias de bater, na mamãe, na Hanna ou em mim?".
Hans: "Na mamãe".
Eu: "Por quê?".
Hans: "Eu gostaria de bater nela e pronto".
Eu: "Quando foi que viste alguém batendo numa mamãe?".

Hans: "Eu nunca vi, nunca em minha vida".
Eu: "E mesmo assim gostarias de fazê-lo. Como farias?".
Hans: "Com o batedor de tapetes". (A mamãe ameaça com frequência batê-lo com o batedor de tapetes.)
Tive de interromper a conversa por hoje.
Na rua, Hans me explicou: ônibus puxados por cavalos, carroças de mudança e carroças de carvão são carroças com caixas de cegonha.

Isso significa, portanto: mulheres grávidas. O ataque sádico imediatamente anterior não pode deixar de ter conexão com nosso tema.

21 de abril. Hoje cedo, Hans conta ter imaginado o seguinte: "Havia um trem em Lainz e viajei para a estação Hauptzollamt com a vovó de Lainz. Ainda não tinhas descido da ponte e o segundo trem já estava em St. Veit.[38] Quando desceste, o trem já tinha chegado e então embarcamos".
(Ontem Hans esteve em Lainz. Para chegar à plataforma de embarque é preciso atravessar uma ponte. Da plataforma, vê-se os trilhos até a estação St. Veit. A situação é um tanto indistinta. Originalmente, Hans deve ter pensado: ele partiu com o primeiro

---

38. Unter-Sankt Veit, estação que, quando se vem de Viena, fica depois de Lainz. Ao esperar-se o trem para Viena em Lainz, pode-se vê-lo chegando em St. Veit. (Segundo os editores da *Freud-Studienausgabe*, N.T.)

trem, que eu perdi, então veio um segundo trem de Unter-St. Veit, com o qual fui atrás dele. Ele distorceu uma parte dessa fantasia de fugitivo, de modo que por fim ele diz: "Nós dois só partimos com o segundo trem".
Essa fantasia se relaciona com aquela última, não interpretada, que trata de como teríamos gastado tempo demais em Gmunden para vestir as roupas na estação e o trem teria partido.)
À tarde, diante do prédio. Hans corre repentinamente para dentro ao se aproximar um coche com dois cavalos, no qual não consigo perceber nada de extraordinário. Pergunto-lhe o que ele tem. Ele diz: "Tenho medo de que os cavalos caiam por serem tão orgulhosos". (Os cavalos eram mantidos na rédea curta pelo cocheiro, de modo a andarem a trote curto, mantendo as cabeças erguidas – tinham realmente um andar orgulhoso.)
Pergunto-lhe quem na verdade seria tão orgulhoso. Ele: "Tu, quando venho para a cama da mamãe".
Eu: "Então desejas que eu caia?".
Ele: "Sim, quero que, estando pelado (ele quer dizer: de pés descalços como Fritzl daquela vez), topes numa pedra e então escorra sangue e eu possa pelo menos estar um pouco sozinho com a mamãe. Quando sobes para o apartamento, posso fugir depressa da mamãe para que tu não vejas".
Eu: "Consegues te lembrar de quem topou numa pedra?".

Ele: "Sim, o Fritzl".
Eu: "O que pensaste quando o Fritzl caiu?".[39]
Ele: "Que tu devias topar com a pedra".
Eu: "Gostarias portanto de estar com a mamãe?".
Ele: "Sim!".
Eu: "Por que é mesmo que eu xingo?".
Ele: "Isso eu não sei". (!!)
Eu: "Por quê?".
Ele: "Porque ficas furioso".
Eu: "Mas isso não é verdade!".
Ele: "Sim, é verdade, tu ficas furioso, eu sei. Deve ser verdade".
Ou seja, ele não se impressionou muito com a minha explicação de que apenas meninos pequenos vão para a cama da mamãe, de que os grandes dormem nas próprias camas.

Presumo que o desejo de "bulir" com o cavalo, isto é, de batê-lo e de gritar com ele, não se refira à mamãe, conforme ele disse, mas a mim. Ele provavelmente só trouxe a mamãe ao primeiro plano por não querer me confessá-lo. Nos últimos dias, ele tem sido particularmente terno em relação a mim.

Com a superioridade que se adquire tão facilmente *a posteriori*, queremos corrigir o pai dizendo que o desejo de Hans de "bulir" com o cavalo é duplamente estruturado, composto por um apetite obscuro e sádico dirigido à

---

39. Ou seja, Fritzl de fato caiu, o que Hans havia negado anteriormente.

mãe e um claro ímpeto vingativo contra o pai. O último não pôde ser reproduzido antes de ter chegado a vez do primeiro no contexto do complexo da gravidez. Na formação da fobia a partir dos pensamentos inconscientes ocorre afinal uma condensação; por isso, o caminho da análise nunca consegue repetir o curso de desenvolvimento da neurose.

> 22 de abril. Hoje cedo Hans voltou a imaginar uma coisa: "Um moleque de rua andou no carrinho e o condutor veio e despiu completamente o moleque e o deixou parado ali até de manhã, e de manhã o moleque deu cinquenta mil florins ao condutor para que pudesse andar no carrinho".
> (Defronte de nosso prédio passa a linha norte. Num fim de linha há uma dresina, na qual Hans viu um moleque de rua andando certo dia, o que ele também queria fazer. Disse-lhe que não se devia fazê-lo, senão viria o condutor. Um segundo elemento da fantasia é o desejo recalcado de estar nu.)

Já percebemos há algum tempo que a fantasia de Hans cria "sob o signo do trânsito", e, de modo consequente, avança do cavalo, que puxa a carroça, à ferrovia. É assim que a cada fobia de ruas também se junta, com o tempo, o medo de ferrovias.

> Ao meio-dia, escuto que Hans *brincou a manhã inteira com uma boneca de borracha que ele chamou de Grete. Pela abertura na qual uma vez estivera fixado o apitozinho de lata ele enfiou um pequeno*

canivete, abrindo em seguida suas pernas a fim de deixar o canivete cair para fora. À babá, enquanto apontava para o lugar entre as pernas da boneca, ele disse o seguinte: "Olha, aqui está o fazedor de xixi!".
Eu: "Do que foi mesmo que brincaste hoje com a boneca?".
Ele: "Eu abri as pernas, sabes por quê? Porque havia uma faquinha dentro, que era da mamãe. Eu a enfiei ali onde o botão guincha, e então eu abri as pernas e por ali ela saiu".
Eu: "Por que abriste as pernas? Para que pudesses ver o fazedor de xixi?".
Ele: "Ele já estava ali no começo, eu já conseguia vê-lo".
Eu: "Por que enfiaste a faca?".
Ele: "Não sei".
Eu: "Como é essa faquinha?".
Ele a traz para mim.
Eu: "Pensaste que talvez fosse uma criancinha?".
Ele: "Não, eu não pensei nada, mas a cegonha, me parece, ganhou uma criancinha um dia – ou alguém".
Eu: "Quando?".
Ele: "Um dia. Eu ouvi, ou não ouvi coisa nenhuma, ou será que falei errado?".
Eu: "O que significa falar errado?".
Ele: "Que não é verdade".
Eu: "Tudo o que a gente diz é um pouco verdadeiro".

Ele: "Pois é, um pouquinho".
Eu (após uma transição): "Como foi que imaginaste que as galinhas vêm ao mundo?".
Ele: "A cegonha simplesmente as deixa crescer, a cegonha deixa as galinhas crescerem – não, o bom Deus".
Explico-lhe que as galinhas põem ovos e dos ovos saem outras galinhas.
Hans ri.
Eu: "Por que ris?".
Ele: "Por que me agrada o que aí me contas".
Ele diz já tê-lo visto.
Eu: "Onde mesmo?".
Ele: "Em ti!".
Eu: "Onde foi que pus um ovo?".
Hans: "Em Gmunden, puseste um ovo na grama e de repente saltou uma galinha pra fora. Puseste uma vez um ovo, eu sei disso, sei disso com toda a certeza. Porque a mamãe me disse".
Eu: "Perguntarei à mamãe se isso é verdade".
Hans: "Isso não é verdade coisa nenhuma, mas *eu* já pus um ovo uma vez e aí saltou uma galinha pra fora".
Eu: "Onde?".
Hans: "Em Gmunden eu me deitei na grama, não, me ajoelhei, e aí as crianças nem estavam olhando e de repente de manhã eu disse: vão procurar, crianças, ontem eu pus um ovo! E de repente elas olharam e de repente elas viram um ovo e dele saiu

um pequeno Hans. Do que estás rindo? A mamãe não sabe disso e a Karoline não sabe, pois ninguém viu e de repente eu coloquei um ovo e de repente ele estava aí. De verdade. Papai, quando uma galinha cresce do ovo? Quando a gente o deixa de lado? A gente precisa comê-lo?".
Explico-lhe os fatos.
Hans: "Pois bem, vamos deixá-lo com a galinha, aí cresce uma galinha. Vamos colocá-lo na caixa e vamos mandá-lo para Gmunden".

Em um lance ousado, Hans tomou para si a condução da análise, visto que os pais hesitavam em dar os esclarecimentos há muito justificados, e, numa brilhante ação sintomática, comunicou: *Vejam, é assim que imagino um nascimento*. O que ele disse à empregada sobre o sentido de sua brincadeira com a boneca não foi sincero; diante do pai, ele nega de imediato que apenas queria ver o fazedor de xixi. Depois que o pai, por assim dizer como pagamento parcial, lhe contou a origem da galinha a partir do ovo, sua insatisfação, sua desconfiança e sua sabichonice se reúnem numa magnífica zombaria, que, em suas últimas palavras, se eleva à categoria de nítida alusão ao nascimento da irmã.

Eu: "Do que brincaste com a boneca?".
Hans: "Eu lhe chamei de Grete".
Eu: "Por quê?".
Hans: "Porque eu lhe chamei de Grete".
Eu: "Como foi que brincaste?".

Hans: "Eu cuidei dela como uma criança de verdade".

Eu: "Gostarias de ter uma menininha?".

Hans: "Ah, sim. Por que não? Gostaria de ganhar uma, mas a mamãe não pode ganhar uma, eu não gosto disso".

(Ele já se expressou assim várias vezes. Ele receia que uma terceira criança o prejudique ainda mais.)

Eu: "Mas só uma mulher ganha uma criança".

Hans: "Vou ganhar uma menininha".

Eu: "Mas onde vais consegui-la?".

Hans: "Ora, com a cegonha. *Ela tira a menininha* e a menininha põe um ovo de repente e do ovo sai mais uma Hanna, mais uma Hanna. Da Hanna sai mais uma Hanna. Não, sai *uma* Hanna".

Eu: "Gostarias de ter uma menininha".

Hans: "*Sim, no ano que vem vou ganhar uma*, ela também vai se chamar Hanna".

Eu: "Por que a mamãe não pode ganhar uma menininha?".

Hans: "Porque eu gostaria de ter uma menininha".

Eu: "Mas tu não podes ganhar uma menininha".

Hans: "Ah, sim, um menino ganha uma menina e uma menina ganha um menino".[40]

Eu: "Um menino não ganha crianças. Só mulheres, só mamães ganham crianças".

---

40. Mais uma vez, um fragmento de teoria sexual infantil de significado inesperado.

Hans: "Por que eu não ganho?".
Eu: "Porque o bom Deus dispôs as coisas assim".
Hans: "Por que tu não ganhas nenhuma? Ah, sim, já vais ganhar uma, é só esperar".
Eu: "Então posso esperar bastante".
Hans: "Mas eu sou teu".
Eu: "Só que foi a mamãe que te trouxe ao mundo. Então tu és da mamãe e meu".
Hans: "A Hanna é minha ou é da mamãe?".
Eu: "Da mamãe".
Hans: "Não, é minha. *Por que não minha e da mamãe?*".
Eu: "A Hanna é minha, da mamãe e tua".
Hans: "Pois bem!".

Naturalmente, faltará ao menino uma parte essencial na compreensão das relações sexuais enquanto os genitais femininos não tiverem sido descobertos.

Em 24 de abril, eu e minha mulher esclarecemos Hans até o ponto em que os bebês crescem na mamãe, e então, o que causa grandes dores, são postos no mundo por meio de pressão, como um "*Lumpf*". À tarde, estamos diante do prédio. Ele está visivelmente aliviado, corre atrás de carroças e apenas a circunstância de não ousar se afastar das proximidades do portão principal, ou antes, de não poder ser levado a fazer um passeio maior, revela o resto de medo.

Em 25 de abril Hans corre de cabeça contra minha barriga, o que já tinha feito uma vez. Pergunto-lhe se ele é uma cabra.

Ele diz: "Sim, um *Wieder* [de novo]" (*Widder* [bode]). – "Onde ele viu um bode?".

Ele: "Em Gmunden, o Fritzl tinha um". (O Fritzl tinha uma ovelhinha de verdade para brincar.)

Eu: "Precisas me contar dessa ovelhinha; o que ela fez?".

Hans: "Sabes, a srta. Mizzi (uma professora hospedada na casa) sempre sentava a Hanna na ovelhinha, mas aí ela não podia levantar, aí ela não podia dar golpes. Quando a gente chega perto ela já dá golpes porque tem chifres. O Fritzl a leva por uma corda e amarra numa árvore. Ele sempre a amarra numa árvore".

Eu: "A ovelhinha te golpeou?".

Hans: "Ela pulou em cima de mim, o Fritzl me levou até ela uma vez... eu fui uma vez até ela e não sabia, e de repente ela pulou em cima de mim. Foi tão divertido – eu não me assustei".

Isso por certo não é verdade.

Eu: "Gostas do papai?".

Hans: "Ah, sim".

Eu: "Talvez também deixes de gostar?".

Hans (brinca com um cavalinho. Nesse momento, o cavalinho cai. Ele grita): "O cavalinho caiu! Olha só como ele faz alvoroço!".

Eu: "Algo te incomoda no papai, o fato de a mamãe gostar dele".

Hans: "Não".
Eu: "Então por que sempre choras quando a mamãe me dá um beijo? Porque tens ciúme".
Hans: "Isso, sim".
Eu: "Mas o que farias se fosses o papai?".
Hans: "E tu o Hans? – Eu te levaria todo domingo para Lainz, não, todo dia de semana também. Se eu fosse o papai, eu seria bem-comportado".
Eu: "O que farias com a mamãe?".
Hans: "Também levaria para Lainz".
Eu: "E o que mais?".
Hans: "Nada".
Eu: "Por que então estás com ciúme?".
Hans: "Não sei".
Eu: "Em Gmunden também tinhas ciúme?".
Hans: "Em Gmunden, não (isso não é verdade). Em Gmunden eu tinha as minhas coisas, eu tinha uma horta em Gmunden e também crianças".
Eu: "Consegues te lembrar como a vaca teve o bezerrinho?".
Hans: "Ah, sim. Ele veio com uma carroça (isso provavelmente lhe fora dito em Gmunden naquela época; outro golpe contra a teoria da cegonha) e uma outra vaca o apertou para fora do traseiro". (Isso já é fruto do esclarecimento, que ele pretende harmonizar com a "teoria do carrinho".)
Eu: "Não é verdade que ele veio com um carrinho; ele saiu da vaca que estava no estábulo".

Hans contesta isso, afirma ter visto a carroça de manhã cedo. Chamo sua atenção para o fato de provavelmente lhe terem contado que o bezerrinho tinha vindo na carroça. Por fim, ele admite: "Provavelmente a Berta me disse isso, ou não – ou talvez o senhorio. Ele estava junto e era noite, por isso é verdade o que te digo, ou me parece que ninguém me disse isso, foi uma coisa que pensei durante a noite". O bezerrinho, se não me engano, foi levado embora na carroça; daí a confusão.
Eu: "Por que não pensaste que foi a cegonha que o trouxe?".
Hans: "Eu não quis pensar nisso".
Eu: "Mas que a Hanna foi trazida pela cegonha, nisso tu pensaste?".
Hans: "Na manhã (do nascimento) eu pensei nisso. – Escuta, papai, o sr. Reisenbichler (o senhorio) estava junto quando o bezerrinho saiu da vaca?".[41]
Eu: "Não sei. Tu achas que sim?".
Hans: "Acho... Papai, já viste muitas vezes como um cavalo tem algo preto na boca?".
Eu: "Já vi muitas vezes na rua em Gmunden".[42]
Eu: "Em Gmunden estavas com frequência na cama da mamãe?".

---

41. Hans, que tem motivo para desconfiar das informações dos adultos, pondera aqui se o senhorio é mais confiável do que o pai.
42. O nexo é o seguinte: por muito tempo o pai não quis acreditar na coisa preta na boca dos cavalos, até que enfim foi possível verificá-la.

Hans: "Sim".
Eu: "E então pensaste que és o papai?".
Hans: "Sim".
Eu: "E então tiveste medo do papai?".
Hans: "*Mas tu sabes de tudo, eu não sabia de nada*".
Eu: "Quando o Fritzl caiu, pensaste que o papai poderia cair desse jeito, e quando a ovelhinha te deu uma cabeçada, pensaste que ela poderia dar uma cabeçada no papai. Tu te lembras do enterro em Gmunden?". (O primeiro enterro que Hans presenciou. Ele se lembra com frequência disso, uma lembrança encobridora indubitável.)
Hans: "Sim, o que aconteceu lá?".
Eu: "Pensaste lá que se o papai morresse tu serias o papai".
Hans: "Sim".
Eu: "De que carroças na verdade ainda tens medo?".
Hans: "De todas".
Eu: "Mas isso não é verdade".
Hans: "Não tenho medo de fiacres, de coches de um cavalo. Tenho medo de ônibus, de carroças de bagagem, mas só quando estão carregados, quando estão vazios, não. Quando é um cavalo e está completamente carregado, eu tenho medo, e quando são dois cavalos e estão completamente carregados, eu não tenho medo".
Eu: "Tens medo dos ônibus porque há muitas pessoas dentro?".
Hans: "Porque têm muita bagagem no teto".

Eu: "Quando a mamãe teve a Hanna ela também não estava completamente carregada?".
Hans: "A mamãe ficará completamente carregada de novo quando ela tiver mais um, quando mais um crescer, quando mais um estiver dentro".
Eu: "Disso tu gostarias".
Hans: "Sim".
Eu: "Disseste que não queres que a mamãe tenha mais um bebê".
Hans: "Assim ela não ficará mais carregada. A mamãe disse que se ela não quiser um bebê, o bom Deus também não quer. Se a mamãe não quiser, ela não vai ganhar". (Naturalmente, ontem Hans também perguntou se ainda havia mais bebês na mamãe. Eu lhe disse que não, que se o bom Deus não quiser, eles tampouco crescerão nela.)
Hans: "Mas a mamãe me disse que se ela não quiser não vai mais crescer nenhum bebê, e tu dizes que é se o bom Deus não quiser".
Digo-lhe, pois, que é assim como eu disse, ao que ele observa: "Tu estavas junto? Tu certamente sabes melhor". – Ou seja, ele pediu explicações à mamãe, e ela estabeleceu a concordância ao esclarecer que se ela não queria, tampouco o queria o bom Deus.[43]
Eu: "Parece-me que desejas que a mamãe ganhe um bebê".

---

43. *Ce que femme veut Dieu veut* [o que a mulher quer, Deus quer]. Aqui, com sua perspicácia, Hans voltou a descobrir um problema muito sério.

Hans: "Mas eu não quero tê-lo".
Eu: "Mas tu o desejas?".
Hans: "Desejar, sim".
Eu: "Sabes por que o desejas? Porque gostarias de ser o papai".
Hans: "Sim... Como é essa história?".
Eu: "Que história?".
Hans: "Um papai não ganha um bebê, como é então essa história de que eu gostaria de ser o papai?".
Eu: "Gostarias de ser o papai e estar casado com a mamãe, gostarias de ser tão grande como eu e ter um bigode, e gostarias que a mamãe tivesse um bebê".
Hans: "Papai, e quando eu estiver casado só vou ganhar um, se eu quiser, quando eu estiver casado com a mamãe, e se eu não quiser um filho, o bom Deus também não quer, quando eu tiver me casado".
Eu: "Gostarias de estar casado com a mamãe?".
Hans: "Ah, sim".

Percebe-se nitidamente como a felicidade na fantasia ainda é perturbada pela incerteza quanto ao papel do pai e pelas dúvidas em relação ao controle do nascimento de bebês.

Na noite do mesmo dia, ao ser colocado na cama, Hans me diz: "Escuta, sabes o que faço agora? Agora eu ainda falo até as dez horas com a Grete, ela está comigo na cama. Minhas crianças estão sempre comigo na cama. Podes me dizer como é isso?".

Visto que já está muito sonolento, prometo-lhe que escreveremos isso no dia seguinte e ele adormece. De anotações anteriores depreende-se que desde o retorno de Gmunden Hans sempre fantasia com as suas "crianças", trava diálogos com elas etc.[44]

Em 26 de abril pergunto-lhe, pois, por que sempre fala de suas crianças.

Hans: "Por quê? *Porque gostaria muito de ter crianças, mas não as desejo nunca, não quero tê-las*".[45]

Eu: "Sempre imaginaste que a Berta, a Olga etc. eram tuas filhas?".

Hans: "Sim, o Franzl, o Fritzl e o Paul (seus companheiros de brincadeiras em Lainz) também e a Lodi". Um nome fictício. Sua filha preferida, de quem fala com muitíssima frequência. Saliento aqui que a personalidade de Lodi existe há apenas alguns dias, desde a data do último esclarecimento (24 de abril).

Eu: "Quem é a Lodi? Ela está em Gmunden?".

Hans: "Não".

Eu: "Existe uma Lodi?".

---

44. Não é forçoso supor aqui em Hans um traço feminino de anseio por ter filhos. Visto que como criança ele teve vivências felizes junto à mãe, ele as repete agora num papel ativo em que ele próprio representa a mãe.

45. A contradição tão declarada é a contradição entre fantasia e realidade – desejar e ter. Ele sabe que na realidade é criança e que outras crianças só o atrapalhariam; na fantasia, ele é mãe e precisa de crianças com as quais possa repetir os carinhos que ele próprio experimentou.

II. História clínica e análise

Hans: "Sim, eu já a conheço".
Eu: "Mas quem é?".
Hans: "Aquela ali, que é minha".
Eu: "Mas como ela é?".
Hans: "Como? Olhos pretos, cabelos pretos... eu a encontrei uma vez com a Mariedl (em Gmunden), quando fui à cidade".
Quando quero saber mais detalhes, verifica-se que é uma invenção.[46]
Eu: "Pensaste portanto que és a mamãe?".
Hans: "Eu também fui realmente a mamãe".
Eu: "Mas o que fizeste com as crianças?".
Hans: "Eu as deixei dormir comigo, meninas e meninos".
Eu: "Todo dia?".
Hans: "Ora, claro".
Eu: "Falaste com elas?".
Hans: "Quando as crianças não entravam todas na cama, eu punha algumas no sofá e sentava algumas no carrinho de bebê, se ainda restavam, eu as carregava ao sótão e punha na caixa, então ainda havia mais crianças e eu as pus na outra caixa".
Eu: "Ou seja, as caixas de crianças da cegonha ficavam no sótão?".
Hans: "Sim".
Eu: "Quando foi que ganhaste as crianças? A Hanna já tinha nascido?".

---

46. Pode ser que Hans tenha elevado à categoria de ideal uma pessoa encontrada por acaso em Gmunden, pessoa que, de resto, é uma imitação da mãe quanto à cor dos olhos e dos cabelos.

Hans: "Sim, faz tempo".
Eu: "Mas de quem imaginaste teres ganhado as crianças?".
Hans: "*Ora, de mim*".[47]
Eu: "Mas naquela época ainda nem sabias que as crianças vêm de alguém".
Hans: "Eu imaginei que a cegonha as trouxe". (Evidentemente, mentira e subterfúgio.)[48]
Eu: "Ontem a Grete esteve contigo, mas já sabes que um menino não pode ganhar crianças".
Hans: "Bem, mas eu acredito nisso".
Eu: "Como foi que chegaste ao nome Lodi? Nenhuma menina se chama assim. Talvez Lotti?".
Hans: "Ah, não, Lodi. Eu não sei, mas é um bonito nome".
Eu (brincando): "Será que tens em mente uma *Chocolodi?*".
Hans (de imediato): "Não, uma *Saffalodi*...[49] porque gosto muito de comer salsicha, salame também".
Eu: "Escuta, uma *Saffalodi* não se parece com um *Lumpf?*".
Hans: "Sim!".
Eu: "Como é mesmo um *Lumpf?*".
Hans: "Preto. Sabes (aponta para minhas sobrancelhas e meu bigode), como isso e isso".

---

47. Hans não consegue responder de outra forma senão do ponto de vista do autoerotismo.
48. São filhos da fantasia, isto é, do onanismo.
49. *Saffaladi* = salsichão defumado. Minha mulher gosta de contar que sua tia sempre diz *Soffilodi*, o que ele pode ter ouvido.

Eu: "Como o que mais? Redondo como uma *Saffaladi?*".
Hans: "Sim".
Eu: "Quando estavas sentado no penico e vinha um *Lumpf*, achaste que ganhavas um bebê?".
Hans (rindo): "Sim, já na rua *** e também aqui".
Eu: "Sabes quando caíram os cavalos que puxavam o ônibus? O veículo se parece com uma caixa de crianças, e quando o cavalo preto caiu, foi como...".
Hans (completando): "Como quando se ganha uma criança".
Eu: "E o que foi que pensaste quando ele fez alvoroço com as patas?".
Hans: "Bem, quando não quero me sentar no penico e prefiro brincar, então faço um alvoroço assim com os pés". (Ele bate os pés no chão.)
Por isso lhe interessava tanto saber se se ganha as crianças *de bom grado* ou *de mau grado*.
Hoje Hans brinca sem parar de carregar e descarregar caixas de bagagem, também deseja ter como brinquedo uma carroça com taipais provida de tais caixas. No pátio do escritório central da alfândega, situado defronte, interessaram-no sobretudo a carga e a descarga das carroças. Ele também se assustou de forma violentíssima quando uma carroça fora carregada e devia partir. "Os cavalos vão cair."[50]

---

50. Quando uma mulher dá à luz, não chamamos isso de "vir abaixo"? [Freud refere-se ao verbo arcaico *niederkommen*, com várias conotações afins: cair, deitar-se, adoecer, parir, soçobrar. (N.T.)]

Ele chamou de "buraco" as portas do galpão do escritório central da alfândega (o primeiro buraco, o segundo, o terceiro...). Agora ele diz "buraco do bumbum".

O medo desapareceu quase completamente, só que ele quer ficar nas proximidades do prédio a fim de ter uma possibilidade de retirada caso sinta medo. Mas ele não se refugia mais no interior do prédio; permanece sempre na rua. Como se sabe, a doença começou com ele retornando aos prantos do passeio e indo, quando foi forçado uma segunda vez a passear, apenas até a estação de metrô Hauptzollamt, da qual ainda se vê o nosso apartamento. Quando minha mulher deu à luz, ele naturalmente foi separado dela, e o medo atual, que o impede de renunciar à proximidade do prédio, ainda é o anseio de então.
30 de abril. Visto que Hans brinca outra vez com seus filhos imaginários, digo-lhe: "Como é que teus filhos ainda vivem? Tu sabes que um menino não pode ganhar filhos".
Hans: "Eu sei disso. Antes eu era a mamãe, *agora sou o papai*".
Eu: "E quem é a mamãe das crianças?".
Hans: "Ora, a mamãe, e tu és o *vovô*".
Eu: "Ou seja, gostarias de ser tão grande quanto eu, estar casado com a mamãe e que então ela tivesse filhos".
Hans: "Sim, eu gostaria disso, e a de Lainz (minha mãe) é então a vovó".

II. História clínica e análise

Tudo acaba bem. O pequeno Édipo encontrou uma solução mais feliz do que aquela prescrita pelo destino. Em vez de eliminar o pai, concede-lhe a mesma felicidade que exige para si; nomeia-o avô e também o casa com a própria mãe.

Em 1º de maio Hans vem ao meio-dia até mim e diz: "Sabes de uma coisa? Vamos escrever uma coisa para o professor".
Eu: "O quê?".
Hans: "De manhã eu estive com todos os meus filhos no banheiro. Primeiro eu fiz *Lumpf* e xixi e eles ficaram olhando. Então os sentei no vaso e eles fizeram xixi e *Lumpf* e eu limpei seus bumbuns com papel. Sabes por quê? Porque eu gostaria muito de ter filhos, então eu faria tudo para eles, eu os levaria ao banheiro, limparia seus bumbuns, faria tudo o que se faz com crianças".

Após a confissão dessa fantasia, será difícil contestar o prazer de Hans ligado às funções excretórias.

À tarde, ele se atreve pela primeira vez a ir ao parque municipal. Como é 1º de maio circulam menos coches do que o normal; em todo o caso, um número suficiente daqueles que até agora o tinham assustado. Ele está muito orgulhoso de seu feito e, após o lanche da tarde, tenho de ir com ele mais uma vez ao parque municipal. No caminho, encontramos um ônibus que ele me mostra: "Olha, uma carroça com caixas de cegonha!". Se, conforme o planejado, ele for novamente amanhã comigo ao parque municipal, pode-se provavelmente considerar a doença curada.

Em 2 de maio, Hans vem cedinho: "Escuta, pensei hoje uma coisa". De início, ele tinha esquecido o que era; mais tarde, sob consideráveis resistências, ele conta: "*Veio o instalador e primeiro tirou meu bumbum com um alicate e então me deu outro e então o fazedor de xixi*. Ele disse: deixa ver o bumbum, e eu tive de me virar, e ele o tirou e então ele disse: deixa ver o fazedor de xixi".

O pai apreende o caráter de fantasia de desejo e não duvida por um momento da única interpretação permitida.

Eu: "Ele te deu um fazedor de xixi *maior* e um bumbum *maior*".

Hans: "Sim".

Eu: "Como os que o papai tem, porque gostarias de ser o papai?".

Hans: "Sim, e eu também gostaria de ter um bigode como tu e pelos desses". (Aponta para os pelos de meu peito.)

A interpretação da fantasia contada há algum tempo – "o instalador veio e desaparafusou a banheira e então meteu uma broca na minha barriga" – retifica-se assim: a banheira grande significa o "bumbum", e a broca ou a chave de fenda, como

II. História clínica e análise

já interpretado   daquela vez, o fazedor de xixi.[51] São fantasias idênticas. Abre-se também um novo acesso ao medo que Hans tem da banheira grande, que, de resto, também já diminuiu. Não lhe agrada que seu "bumbum" seja pequeno demais para a grande banheira.

Nos dias seguintes, a mãe toma a palavra repetidas vezes para expressar sua alegria com o restabelecimento do pequeno.

Pós-escrito do pai uma semana depois:
Prezado sr. professor! Ainda gostaria de complementar a história clínica de Hans com o que segue:
1. A remissão após o primeiro esclarecimento não foi tão completa quanto eu talvez a tenha apresentado. Hans sem dúvida foi passear, mas apenas obrigado e com grande medo. Uma vez ele foi comigo até a estação Hauptzollamt, de onde ainda se vê o apartamento, e não foi possível levá-lo adiante.

---

51. Talvez se possa acrescentar que a "broca" [*Bohrer*] não foi escolhida sem relação com as palavras "nascido", "nascimento" [*geboren, Geburt*]. Assim, a criança não faria distinção entre "perfurado pela broca" [*gebohrt*] e "nascido" [*geboren*]. Aceito essa hipótese que me foi comunicada por um colega entendido, mas não sei dizer se aqui existe um nexo geral mais profundo ou o aproveitamento de um acaso idiomático peculiar ao alemão. Prometeu (Pramantha), o criador do ser humano, também é etimologicamente o "perfurador" [*Bohrer*]. Ver Abraham, *Traum und Mythos* [Sonho e mito], quarto número de *Schriften zur angewandten Seelenkunde* [Escritos de psicologia aplicada], 1909.

2. A propósito do suco de framboesa e da espingarda. Hans recebe suco de framboesa quando está constipado. "Disparar" [*schiessen*] e "cagar" [*scheissen*] é uma troca de palavras que também lhe é familiar.
3. Hans tinha cerca de quatro anos de idade quando foi tirado de nosso quarto e colocado num quarto próprio.
4. Ainda agora há um resto, que não se expressa mais em medo, mas no impulso[52] normal de perguntar. Em sua maioria, as questões tratam do que as coisas são feitas (bondes, máquinas etc.), de quem as faz etc. É característico da maioria das perguntas que Hans as faça ainda que já tenha dado a resposta a si mesmo. Ele quer apenas se certificar. Quando certa vez ele me cansara bastante com perguntas e eu lhe disse: "Então acreditas que eu consiga responder a tudo o que tu perguntas?", ele disse: "Ora, eu achei que como soubeste aquilo do cavalo, também saberias isto".
5. Hans só fala da doença historicamente: "Daquela vez, quando eu tive a bobagem".
6. O resto irresolvido é que Hans quebra a cabeça para saber o que o pai tem a ver com a criança, visto que é a mãe que a traz ao mundo. Pode-se concluir isso de perguntas como: "Não é verdade que eu também sou *teu*?". (Ele quer dizer, não apenas da

---

52. Salvo indicação em contrário, "impulso" sempre traduz o termo alemão *Trieb*. (N.T.)

mãe.) A questão de como ele é meu não lhe é clara. Em contrapartida, não tenho nenhuma prova direta de que ele, conforme o senhor acredita, tenha espreitado um coito dos pais.
7. Numa exposição, talvez fosse preciso chamar a atenção para a veemência do medo, pois do contrário se diria: "Se ele apenas tivesse tomado uma boa surra, ele já teria ido passear".

Para concluir, acrescento: com a última fantasia de Hans também foi superado o medo oriundo do complexo de castração, a penosa expectativa foi transformada em algo que traz felicidade. O médico, o instalador etc. vem, tira o pênis, mas apenas para dar um maior em troca. De resto, que nosso pequeno pesquisador apenas possa fazer no devido tempo a experiência de que todo saber é uma obra inacabada, e de que em cada nível permanece um resto sem solução.

III

Epícrise

Terei de examinar agora em três direções esta observação do desenvolvimento e da solução de uma fobia num menino que ainda não completou cinco anos: em primeiro lugar, em que medida ela apoia as asserções que apresentei nos *Três ensaios de teoria sexual* (1905 *d*); em segundo lugar, o que ela é capaz de fazer pela compreensão dessa forma patológica tão frequente; em terceiro lugar, o que se pode ganhar com ela para o esclarecimento da vida psíquica infantil e para a crítica de nossos propósitos educacionais.

1

Tenho a impressão de que o quadro da vida sexual infantil, tal como se destaca da observação do pequeno Hans, harmoniza-se muito bem com a descrição que esbocei em minha *Teoria sexual* a partir de investigações psicanalíticas em adultos. Porém, antes de começar a seguir os pormenores dessa concordância, precisarei liquidar duas objeções que se levantam contra o aproveitamento dessa análise. A primeira é: o pequeno Hans não seria uma criança normal, mas, como ensina a consequência, precisamente o adoecimento, uma criança predisposta à neurose, um pequeno "hereditarista", sendo por isso

III. Epícrise

ilícito transferir a outras crianças, normais, conclusões que talvez valham para ele. Visto que essa objeção apenas restringe o valor da observação, não o anula completamente, irei considerá-la mais adiante. A segunda e mais severa objeção dirá que a análise de uma criança por seu pai, que põe mãos à obra comprometido com as *minhas* concepções teóricas, acometido pelos *meus* preconceitos, carece absolutamente de valor objetivo. Evidentemente, uma criança seria sugestionável em alto grau, e talvez nenhuma pessoa pudesse sugestioná-la mais do que o pai; por amor ao pai, ela se deixaria impingir de tudo em agradecimento por ele se ocupar tanto dela; suas declarações não teriam qualquer força probatória e suas produções em matéria de ideias, fantasias e sonhos naturalmente ocorreriam na direção em que ela fosse empurrada por todos os meios. Em suma, mais uma vez tudo seria "sugestão", e seu desmascaramento na criança seria apenas bastante facilitado em comparação com o adulto.

Estranho; quando comecei a me intrometer na disputa das opiniões científicas, há 22 anos, recordo-me da zombaria com que a geração mais velha de neurologistas e psiquiatras acolheu na época a hipótese da sugestão e de seus efeitos. Desde então, a situação mudou radicalmente; a relutância se converteu numa solicitude demasiado benevolente, e não apenas em decorrência do efeito que os trabalhos de Liébeault, Bernheim e seus discípulos acabaram por produzir no curso desses decênios, mas também porque se descobriu nesse meio-tempo que economia de pensamento pode ser ligada ao uso da palavra-chave "sugestão". Ninguém sabe e também ninguém se preocupa em saber o que é a sugestão, de onde vem e quando aparece; basta que tudo o que seja incômodo no psíquico possa ser chamado de "sugestão".

Não partilho da opinião atualmente em voga de que as declarações das crianças sejam completamente arbitrárias e indignas de confiança. Não há qualquer arbitrariedade no psíquico; a inconfiabilidade das declarações das crianças resulta da preponderância de sua fantasia, tal como a inconfiabilidade das declarações dos adultos resulta da preponderância de seus preconceitos. Normalmente, a criança tampouco mente sem motivo e em geral tem maior inclinação ao amor pela verdade do que os grandes. Com uma rejeição completa das informações de nosso pequeno Hans por certo se cometeria uma grave injustiça contra ele; pode-se, antes, distinguir bem nitidamente onde ele falsifica ou retém coisas sob a coação de uma resistência, onde ele, estando indeciso, dá razão ao pai, o que não se precisa considerar como prova, e onde, livre da pressão, ele comunica de modo transbordante qual é a sua verdade interior e o que até então só ele soubera. As informações dos adultos tampouco oferecem certezas maiores. É lamentável que nenhuma exposição de uma psicanálise possa reproduzir as impressões que recebemos durante sua execução, que a convicção definitiva nunca possa ser proporcionada pela leitura, mas apenas pela vivência. Porém, essa deficiência acomete na mesma medida as análises de adultos.

III. Epícrise

O pequeno Hans é descrito pelos pais como uma criança jovial e sincera, e ele deve ter se tornado assim pela educação que eles lhe deram, que consistia essencialmente na omissão de nossos costumeiros pecados educacionais. Enquanto pôde cultivar suas pesquisas com alegre ingenuidade, sem suspeitar dos conflitos que logo resultariam delas, ele também se comunicava sem reservas, e as observações da época anterior à sua fobia tampouco admitem qualquer dúvida ou objeção. No período da doença e durante a análise começam para ele as incongruências entre aquilo que ele diz e aquilo que ele pensa, em parte baseadas no fato de impor-se a ele material inconsciente do qual não consegue dar conta de uma vez, e, por outro lado, em consequência dos impedimentos de conteúdo que provêm de sua relação com os pais. Afirmo manter-me imparcial ao emitir o juízo de que também essas dificuldades não foram maiores do que em tantas outras análises com adultos.

Contudo, durante a análise é preciso dizer-lhe muitas coisas que ele próprio não sabe dizer, é preciso sugerir-lhe pensamentos dos quais ainda nada se mostrou nele, sua atenção precisa experimentar a orientação naquelas direções das quais o pai espera o que virá. Isso enfraquece a força probatória da análise; só que é assim que se procede em toda análise. Pois uma psicanálise não é uma investigação científica desprovida de vieses, mas uma intervenção terapêutica; ela não quer provar nada em si, mas apenas mudar algo. Na psicanálise, o médico sempre dá ao paciente, ora em mais abundante, ora em mais modesta medida, noções de expectativa conscientes com cujo auxílio ele deve ser capaz de reconhecer e apreender o inconsciente. É que há casos que precisam de mais auxílio, e outros que precisam de menos. Ninguém passa sem tal auxílio. Talvez se consiga dar cabo sozinho de perturbações ligeiras, nunca de uma neurose que se contrapôs ao eu como algo estranho; para dar conta dela precisa-se do outro, e até onde o outro pode ajudar, até ali a neurose é curável. Quando está na essência de uma neurose afastar-se do "outro", como a caracterização dos estados reunidos sob a designação de *dementia praecox* parece abranger, tais estados são, precisamente por isso, incuráveis por nossos esforços. Bem, admite-se que a criança, devido ao pequeno desenvolvimento de seus sistemas intelectuais, requeira um auxílio especialmente intenso. No entanto, as coisas que o médico comunica ao paciente provêm elas próprias, por sua vez, de experiências analíticas, e é realmente probatório o suficiente que, com o empenho dessa intervenção médica, se alcancem a concatenação e a solução do material patogênico.

E, no entanto, também durante a análise nosso pequeno paciente demonstrou independência o bastante para absolvê-lo do veredito de "sugestão". Como todas as crianças, ele aplica suas teorias sexuais infantis a seu material sem receber estímulo para tanto. Estas se tornaram extremamente remotas ao adulto; neste caso, realmente deixei de preparar o pai para o fato de que o caminho para o tema do nascimento necessariamente passaria para Hans pelo complexo da excreção. Aquilo que, devido

III. Epícrise

à minha negligência, se tornou uma parte obscura da análise deu então pelo menos um bom testemunho da autenticidade e da independência do trabalho de pensamento de Hans. De repente, ele estava ocupado com o "*Lumpf*", sem que o pai supostamente sugestionador pudesse compreender como ele havia chegado a isso e o que daí resultaria. Tampouco se pode atribuir ao pai alguma participação no desenvolvimento das duas fantasias do instalador, que partem do "complexo de castração" prematuramente adquirido. Tenho de confessar aqui que, por interesse teórico, ocultei completamente ao pai a expectativa desse nexo, apenas para não reduzir o valor da força probatória de uma documentação normalmente difícil de obter.

Com um maior aprofundamento nos detalhes da análise, ainda se verificariam com abundância novas demonstrações em favor da independência de nosso Hans quanto à "sugestão", mas interrompo aqui o tratamento da primeira objeção. Sei que também mediante esta análise não persuadirei ninguém que não queira se deixar persuadir, e prossigo a elaboração desta observação para aqueles leitores que já adquiriram uma convicção da objetividade do material patogênico inconsciente, não sem ressaltar a agradável certeza de que o número dos últimos se encontra em constante crescimento.

O primeiro traço do pequeno Hans que cabe atribuir à vida sexual é um interesse particularmente vivaz pelo seu "fazedor de xixi", como é chamado esse órgão de acordo com aquela que dificilmente é a menos importante de suas duas funções e aquela que, no quarto das crianças, não pode ser contornada. Esse interesse o transforma num pesquisador; assim, ele descobre que se pode distinguir o vivo e o inanimado com base na existência ou na falta do fazedor de xixi. Em todos os seres vivos que julga semelhantes a ele, ele pressupõe essa significativa parte do corpo, estuda-a nos grandes animais, supõe-na em ambos os pais e mesmo a percepção visual não o impede de estatuí-la em sua irmã recém-nascida. Seria um abalo violento demais em sua "visão de mundo", poderíamos dizer, se ele se decidisse a renunciar a ela num ser semelhante a ele; seria como se fosse arrebatada de si próprio. Uma ameaça da mãe, que tem por conteúdo nada menos do que a perda do fazedor de xixi, é provavelmente por isso rechaçada a toda a pressa, podendo manifestar seu efeito apenas em momentos posteriores. A intervenção da mãe ocorrera porque ele gostava de obter sensações de prazer mediante o toque nesse membro; o pequeno dera início ao mais comum e... mais normal tipo de sexualidade autoerótica.

De um modo que Alfred Adler chamou com muita propriedade de *entrelaçamento de impulsos*[1], o prazer com o próprio membro sexual se liga com o prazer de olhar[2] em sua conformação ativa e passiva. O pequeno procura ver o fazedor de xixi de outras pessoas, desen-

---

1. "*Der Agressionstrieb im Leben und in der Neurose*" ["O impulso agressivo na vida e na neurose"], 1908.
2. Em alemão, *Schaulust*. Traduções alternativas: ânsia de ver, gosto por olhar, vontade de olhar; curiosidade, voyeurismo. (N.T.)

III. Epícrise

volve curiosidade sexual e gosta de mostrar o próprio fazedor de xixi. Um de seus sonhos do primeiro período do recalcamento tem por conteúdo o desejo de que uma de suas amiguinhas o ajude a fazer xixi, ou seja, que compartilhe dessa visão. O sonho atesta assim que o desejo persistiu não recalcado até então, assim como informações posteriores confirmam que ele costumava encontrar sua satisfação. A direção ativa do prazer sexual de olhar logo se liga nele com um motivo definido. Se ele dá a entender repetidamente tanto ao pai quanto à mãe seu pesar por nunca ter visto seus fazedores de xixi, o que o impele a isso é provavelmente a necessidade de *comparar*. O eu permanece sendo o metro com que se mede o mundo; aprende-se a compreendê-lo pela constante comparação com a própria pessoa. Hans observou que os grandes animais têm fazedores de xixi muito maiores do que o dele; por isso também supõe a mesma proporção em seus pais e gostaria de se convencer disso. A mamãe, acha ele, certamente tem um fazedor de xixi "como um cavalo". Então ele tem pronto o consolo de que o fazedor de xixi crescerá com ele; é como se o desejo da criança de ser grande tivesse incidido sobre os genitais.

Na constituição sexual do pequeno Hans, a zona genital é portanto desde o início a mais intensamente carregada de prazer dentre as zonas erógenas. Ao lado dela, atesta-se nele apenas o prazer excrementício, ligado aos orifícios da micção e da defecação. Se em sua última fantasia de felicidade, com a qual sua enfermidade é superada, ele tem filhos que leva ao banheiro, deixa fazer xixi e lhes limpa o bumbum, em suma, "faz com eles tudo o que se pode fazer com crianças", parece imperioso supor que essas mesmas tarefas eram-lhe uma fonte de sensações de prazer enquanto se cuidava dele. Esse prazer das zonas erógenas era-lhe obtido com a ajuda da pessoa que dele cuidava, a mãe, já levando portanto à escolha de objeto; porém, é possível que em períodos ainda mais antigos ele estivesse acostumado a obtê-lo autoeroticamente, que fosse daquelas crianças que gostam de reter os excretos até que sua evacuação lhes possa proporcionar um estímulo voluptuoso. Apenas digo que é possível, pois isso não foi apresentado com clareza na análise; o "fazer alvoroço com as pernas" (espernear), do qual mais tarde ele tem tanto medo, aponta nessa direção. De resto, essas fontes de prazer não têm nele, como acontece com tanta frequência em outras crianças, uma ênfase chamativa. Em pouco tempo tornou-se asseado, a enurese e a incontinência diurna não desempenharam qualquer papel em seus primeiros anos; nada se observou nele daquela tendência de brincar com os excrementos, tão hedionda no adulto, que costuma reaparecer no desfecho de processos psíquicos involutivos.

Salientemos logo neste ponto que é inequívoco durante sua fobia o recalcamento desses dois componentes da atividade sexual, nele bem desenvolvidos. Envergonha-se de urinar diante de outras pessoas, acusa-se de colocar o dedo no fazedor de xixi, também se esforça por abandonar o onanismo, e enoja-se do "*Lumpf*", do "xixi" e

III. Epícrise

de tudo o que os recorde. Na fantasia em que cuida das crianças ele revoga esse último recalcamento.

Uma constituição sexual como a de nosso pequeno Hans não parece conter a predisposição ao desenvolvimento de perversões ou de seu negativo (limitemo-nos aqui à histeria). Até onde tenho conhecimento (ainda se recomenda de fato reserva aqui), a constituição inata dos histéricos – no caso dos perversos é quase óbvio – se distingue pelo recuo das zonas genitais frente a outras zonas erógenas. Uma única "aberração" da vida sexual precisa ser expressamente excluída dessa regra. No caso dos indivíduos mais tarde homossexuais, que, segundo minha expectativa e segundo as observações de J. Sadger, passam todos eles por uma fase anfígena na infância, encontra-se a mesma preponderância infantil da zona genital, em especial do pênis. Sim, essa alta estima do membro masculino transforma-se em destino para os homossexuais. Eles escolhem a mulher como objeto sexual em sua infância enquanto pressupõem também nela a existência dessa parte do corpo que lhes parece imprescindível; com a convicção de que a mulher os ludibriou nesse ponto, ela se torna inaceitável para eles como objeto sexual. Eles não podem prescindir do pênis na pessoa que deve estimulá-los à relação sexual, fixando sua libido, em caso favorável, na "mulher com pênis", no adolescente que parece feminino. Os homossexuais são portanto pessoas que, pelo significado erógeno do próprio genital, foram impedidas de renunciar em seu objeto sexual a essa coincidência com a própria pessoa.

No desenvolvimento que vai do autoerotismo ao amor objetal, elas se mantiveram fixadas num ponto mais próximo ao autoerotismo.

É completamente inadmissível distinguir um impulso homossexual específico; o que constitui o homossexual não é uma peculiaridade da vida impulsional, e sim da escolha de objeto. Remeto ao que expus na *Teoria sexual* quanto ao fato de termos imaginado erroneamente como demasiado íntima a união do impulso e do objeto na vida sexual. Com seus impulsos – talvez normais –, o homossexual não se liberta mais de um objeto que se distingue por uma certa condição; em sua infância, por julgar essa condição obviamente cumprida em toda parte, ele pode se comportar como o nosso pequeno Hans, que é indistintamente terno tanto com meninos quanto com meninas e que, em dada ocasião, declara que seu amigo Fritzl é sua "mocinha mais querida". Hans é homossexual como todas as crianças podem sê-lo, em perfeita harmonia com o fato, que não cabe ignorar, de que ele *conhece apenas um tipo de genital*, um genital como o seu.[3]

No entanto, o desenvolvimento posterior de nosso pequeno erotista não vai rumo à homossexualidade, e sim a uma masculinidade enérgica, que se comporta poligamicamente e sabe se portar de modo diferente de acordo

---

3. [*Acréscimo de 1923:*] Salientei mais tarde (1923 *e*) que o período do desenvolvimento sexual em que se encontra também nosso pequeno paciente se caracteriza de modo bem geral por conhecer apenas *um* genital, o masculino; à diferença do posterior período de maturidade, não existe nele um primado genital, e sim o primado do falo.

III. Epícrise

com seus objetos femininos cambiantes, aqui deitando a mão de forma atrevida e ali languescendo de modo sequioso e envergonhado. Numa época de pobreza em matéria de outros objetos de amor, essa inclinação retrocede à mãe, desde a qual havia se voltado a outros objetos, para fracassar junto a ela na neurose. Só então ficamos sabendo até que intensidade se desenvolveu o amor pela mãe e a que destinos esteve entregue. A meta sexual que ele perseguia junto a suas companheiras de brincadeira, de *dormir* com elas, já provinha da mãe; essa meta é enunciada com as palavras que também pode conservar na vida madura, embora o conteúdo dessas palavras experimente um enriquecimento. Pelo caminho costumeiro, a partir do cuidado dispensado à criança, o menino encontrou o caminho ao amor objetal, e uma nova vivência de prazer tornou-se para ele determinante, o dormir junto à mãe, de cuja composição destacaríamos o prazer do contato da pele, que é constitucionalmente próprio a todos nós, ao passo que de acordo com a nomenclatura de Moll, que nos parece artificial, ele deveria ser chamado de satisfação do impulso de contrectação.

Em sua relação com o pai e a mãe, Hans confirma da maneira mais viva e mais palpável tudo o que afirmei na *Interpretação dos sonhos* e na *Teoria sexual* acerca das relações de natureza sexual dos filhos com os pais. Ele é realmente um pequeno Édipo, que gostaria de ver o pai "longe", eliminado, a fim de ficar sozinho com a bela mãe, de dormir com ela. Esse desejo surgiu durante o veraneio, quando as alternâncias entre a presença e a ausência do pai lhe indicaram a condição a que se ligava a ansiada intimidade com a mãe. Na ocasião, ele se satisfez com a formulação de que o pai deveria "partir em viagem", à qual mais tarde pôde ligar-se diretamente o medo de ser mordido por um cavalo branco, graças a uma impressão acidental por ocasião de uma outra partida. Mais tarde, provavelmente apenas em Viena, quando não se podia mais contar com a partida do pai, esse desejo elevou-se ao conteúdo de que o pai se afastasse permanentemente, de que "morresse". O medo do pai, que resultou desse desejo de morte contra ele, ou seja, um medo que pode ser motivado de modo normal, constituiu o maior obstáculo à análise até ser eliminado na conversa em meu consultório.[4]

Porém, nosso Hans não é verdadeiramente um diabrete, não é nem sequer uma criança em quem as inclinações cruéis e violentas da natureza humana desse período da vida ainda estejam desenvolvidas sem peias. Pelo contrário, sua natureza é incomumente bondosa e terna; o pai notou que a transformação da tendência agressiva em compaixão se consumara nele bem precocemente. Muito antes da fobia ele ficava inquieto quando via baterem nos cavalos do carrossel, e jamais ficava insensível quando alguém chorava em sua presença. Num

---

4. As duas ocorrências de Hans, "suco de framboesa" e "espingarda para matar", por certo não foram determinadas apenas de modo unilateral. Provavelmente, têm tanto a ver com o ódio ao pai quanto com o complexo da constipação. O pai, que atina por conta própria com a última explicação, pensa, a propósito do "suco de framboesa", também em "sangue".

III. Epícrise

ponto da análise, em certo contexto, vem à luz nele um fragmento reprimido de sadismo[5]; mas ele estava reprimido, e, mais tarde, precisaremos inferir do contexto o que ele representa e o que pretende substituir. Hans também ama profundamente o pai contra quem nutre esses desejos de morte, e enquanto sua inteligência protesta contra a contradição[6], ele precisa demonstrar sua existência efetiva ao bater no pai e logo depois beijar o lugar em que bateu. Também nós queremos nos guardar de achar essa contradição chocante; a vida emocional dos seres humanos em geral é composta de tais pares de opostos[7]; talvez não se chegasse ao recalcamento e à neurose se as coisas fossem diferentes. Esses opostos emocionais, que de hábito só se tornam simultaneamente conscientes ao adulto durante a máxima paixão amorosa, e que em casos normais costumam se reprimir uns aos outros até que um deles consiga manter o outro encoberto, encontram espaço lado a lado pacificamente, por um bom tempo, na vida psíquica da criança.

O nascimento de uma irmãzinha, quando ele tinha três anos e meio, teve a maior importância para o desenvolvimento psicossexual de nosso menino. Esse acontecimento estreitou suas relações com os pais, colocou tarefas insolúveis ao seu pensamento e o fato de assistir

---

5. Quando ele quer bater nos cavalos e bulir com eles.
6. Ver as questões críticas dirigidas ao pai (acima, p. 88).
7. "Isto é, um livro engenhoso não sou então, / Sou um homem com sua contradição." C.F. Meyer, *Huttens letzte Tage* [Os últimos dias de Hutten], XXVI, "Homo Sum" [Homem sou].

aos cuidados dispensados à irmã reanimou as marcas mnêmicas de suas próprias e mais antigas vivências de prazer. Essa influência também é típica; em um número inesperadamente grande de histórias clínicas e de vida precisa-se tomar como ponto de partida esse inflamar do prazer sexual e da curiosidade sexual que se liga ao nascimento do filho seguinte. O comportamento de Hans com a recém-chegada é aquele descrito em *A interpretação dos sonhos*.[8] Durante a febre, poucos dias depois, ele revela o quão pouco concorda com essa ampliação da família. Aqui, a hostilidade é o elemento temporalmente precedente, a ternura pode vir depois.[9] O medo de que pudesse vir mais uma criança tem desde então um lugar em seu pensamento consciente. Na neurose, a hostilidade já reprimida é representada por um medo específico, o medo da banheira; na análise, ele expressa com franqueza o desejo de morte em relação à irmã, não apenas em alusões que o pai precisa completar. Sua autocrítica permite que esse desejo não lhe pareça tão grave quanto o análogo em relação ao pai; mas, evidentemente, ele tratou as duas pessoas do mesmo modo no inconsciente, pois ambas lhe tiram a mamãe, impedem-no de ficar a sós com ela.

De resto, esse acontecimento e as incitações a ele ligadas deram uma nova direção a seus desejos. Na triunfante fantasia final ele faz a soma de todas as suas moções

---

8. P. 172, 8ª ed. [Capítulo V, seção D (β); L&PM POCKET 1060, p. 270 e segs. (N.T.)]
9. Ver os planos dele para quando a pequena puder falar (acima, p. 126).

III. Epícrise

eróticas de desejo, aquelas que provêm da fase autoerótica e aquelas que se relacionam com o amor objetal. Ele está casado com sua bela mãe e tem inúmeros filhos de que pode cuidar a seu modo.

2

Certo dia, Hans adoece de angústia na rua. Ele ainda não consegue dizer do que tem medo, mas no início de seu estado angustioso ele revela ao pai o motivo de estar doente, o ganho com a doença. Ele quer permanecer com a mãe, adulá-la; a lembrança de que também esteve separado dela na época em que a criança chegou pode contribuir, segundo pensa o pai, para tal anseio. Logo se evidencia que essa angústia não pode mais ser retraduzida em anseio, Hans também tem medo quando sai com a mãe. Entretanto, obtemos indícios daquilo em que a libido transformada em angústia se fixou. Ele exprime o medo bastante específico de que um cavalo branco o morda.

Chamamos tal estado patológico de "fobia" e poderíamos incluir o caso de nosso pequeno na agorafobia se esta afecção não se caracterizasse pelo fato de que a atividade normalmente impossível no espaço sempre se torna facilmente possível graças ao acompanhamento de certa pessoa escolhida para tanto, em caso extremo, o médico. A fobia de Hans não cumpre essa condição, logo abstrai do espaço e toma o cavalo por objeto cada vez mais nitidamente; nos primeiros dias, no auge do estado de medo, ele expressa o receio: "O cavalo vai entrar no quarto", que tanto me facilitou a compreensão de seu medo.

A posição das "fobias" no sistema das neuroses esteve até agora indefinida. Parece certo que seja lícito ver nas fobias apenas síndromes que podem pertencer a diferentes neuroses, não sendo preciso conceder-lhes o significado de processos patológicos especiais. Para as fobias do tipo da de nosso pequeno paciente, que afinal são as mais frequentes, a denominação "histeria de angústia" não me parece inadequada; sugeri-a ao dr. W. Stekel quando ele empreendeu a exposição dos estados nervosos de angústia, e espero que ela venha a se popularizar.[10] Ela se justifica devido à completa coincidência entre o mecanismo psíquico dessas fobias e a histeria, exceto por um único ponto, mas que é decisivo e apropriado para a distinção. Pois a libido que é liberada a partir do material patogênico pelo recalcamento não é *convertida*, não é aproveitada a partir do âmbito psíquico para uma inervação somática, mas se torna livre sob a forma de angústia. Nos casos patológicos que se apresentam, essa "histeria de angústia" pode se mesclar com a *histeria de conversão* em qualquer proporção. Também há histeria de conversão pura sem qualquer angústia, tal como a mera histeria de angústia, que se expressa em sensações angustiosas e fobias, sem acréscimo de conversão; um caso deste último tipo é o de nosso pequeno Hans.

---

10. W. Stekel, *Nervöse Angstzustände und ihre Behandlung* [Estados nervosos de angústia e seu tratamento], 1908.

III. Epícrise

As histerias de angústia são os mais frequentes de todos os adoecimentos psiconeuróticos, mas, sobretudo, são os que primeiro surgem na vida; são, verdadeiramente, as neuroses da infância. Se uma mãe, por exemplo, relata que seu filho é muito "nervoso", em nove dentre dez casos pode-se contar que a criança tem algum tipo de angústia ou muitos estados angustiosos ao mesmo tempo. Infelizmente, o mecanismo mais fino desses adoecimentos tão significativos ainda não foi estudado de modo suficiente; ainda não se constatou se a histeria de angústia, à diferença da histeria de conversão e de outras neuroses, tem sua única condição em fatores constitucionais ou no vivenciar acidental, ou em que união de ambos ela se encontra.[11] Parece-me que esse é o adoecimento neurótico que coloca as menores reivindicações quanto a uma constituição especial e que, em conexão com isso, pode ser o mais facilmente adquirido a qualquer momento da vida.

Uma característica essencial das histerias de angústia pode ser facilmente destacada. A histeria de angústia desenvolve-se cada vez mais rumo à "fobia"; no fim, o doente pode ter se livrado da angústia, mas apenas à custa de inibições e restrições às quais teve de se submeter. Na histeria de angústia, há desde o início um trabalho

---

11. [*Acréscimo de 1923:*] É verdade que a questão aqui levantada não continuou a ser investigada. Mas não há razão de se supor para a histeria de angústia uma exceção à regra de que a predisposição e o vivenciar precisam atuar em conjunto na etiologia de uma neurose. A concepção de Rank sobre o efeito do trauma do nascimento parece lançar uma luz especial sobre a predisposição, tão forte na infância, à histeria de angústia.

psíquico contínuo para ligar psiquicamente outra vez a angústia liberada, mas esse trabalho não pode levar à retransformação da angústia em libido, nem se ligar aos mesmos complexos dos quais provém a libido. Nada lhe resta senão bloquear cada um dos possíveis ensejos à liberação de angústia mediante um bastião psíquico do tipo de uma cautela, uma inibição, uma proibição, e são essas construções protetoras que nos aparecem como fobias e que, para a nossa percepção, constituem a essência da doença.

Pode-se dizer que o tratamento da histeria de angústia foi até aqui puramente negativo. A experiência mostrou que é impossível, em certas circunstâncias até mesmo perigoso, alcançar a cura da fobia de modo violento, colocando o doente numa situação em que ele precise passar pela liberação de angústia depois de ser despojado de seu abrigo. Desse modo, força-se o doente a buscar proteção onde ele acredita encontrá-la e se testemunha por ele um desprezo ineficaz por causa de sua "incompreensível covardia".

Para os pais de nosso pequeno paciente era certo desde o início do adoecimento que não se deveria ridicularizá-lo nem brutalizá-lo, mas que se precisaria buscar por via psicanalítica o acesso a seus desejos recalcados. O sucesso recompensou o extraordinário esforço do pai, cujas informações nos darão ocasião de penetrar na estrutura de uma tal fobia e seguir o caminho da análise com ela empreendida.

III. Epícrise

Não me parece improvável que por sua extensão e detalhamento a análise tenha se tornado um tanto obscura ao leitor. Por isso, em primeiro lugar repetirei abreviadamente seu curso omitindo todos os elementos secundários incômodos e salientando os resultados que se mostram passo a passo.

Ficamos sabendo de início que a irrupção do estado de angústia não foi tão súbita quanto pareceu à primeira vista. Alguns dias antes a criança despertara de um sonho de angústia que tinha o conteúdo de que a mamãe se fora e que então ele não tinha mais mamãe para adular. Esse sonho já aponta para um processo de recalcamento de considerável intensidade. Seu esclarecimento, como em tantos outros sonhos de angústia, não poderá ser o de que a criança sentiu angústia no sonho a partir de fontes somáticas quaisquer e então aproveitou essa angústia para a realização de um desejo oriundo do inconsciente e usualmente sujeito a intenso recalcamento (ver *A interpretação dos sonhos*[12]), mas se trata de um autêntico sonho de punição e de recalcamento, no qual também falha a função do sonho, pois a criança desperta com angústia de seu sono. O verdadeiro processo no inconsciente se deixa reconstruir facilmente. O menino sonhou com uma troca de carinhos com a mãe, dormiu junto a ela, e todo o prazer se transformou em angústia e todo o conteúdo representacional se transformou em seu oposto. O recalcamento levou a vitória sobre o mecanismo onírico.

---

12. Capítulo V, próximo ao final da seção C (L&PM Pocket 1060, p. 258.). (N.T.)

No entanto, os primórdios dessa situação psicológica recuam a um período ainda mais remoto. Já no verão houve semelhantes estados de espírito, mistos de anseio e receio, em que ele expressou coisas semelhantes e que então lhe trouxeram a vantagem de que a mãe o tomou consigo na cama. Mais ou menos a partir desse momento poderíamos supor a existência de uma intensificada excitação sexual em Hans cujo objeto é a mãe, cuja intensidade se expressa em duas tentativas de seduzi-la – a última pouquíssimo antes da irrupção da angústia – e que, de passagem, se descarrega toda noite na satisfação masturbatória. Se a transformação brusca dessa excitação se consuma espontaneamente, ou em consequência da rejeição da mãe, ou pelo despertar casual de impressões anteriores por ocasião do "ensejo" do adoecimento, a ser conhecido mais tarde, não é possível decidir, e provavelmente também é indiferente, visto que os três distintos casos não podem ser apreendidos como opostos. O fato é a transformação brusca da excitação sexual em angústia.

Já ficamos sabendo do comportamento do menino no primeiro período da angústia, e também que o primeiro conteúdo que dá a ela é este: um *cavalo* irá mordê-lo. Neste ponto ocorre a primeira intervenção da terapia. Os pais indicam que o medo seria a consequência da masturbação, e o instruem a desabituar-se dela. Cuido para que a ternura pela mãe, que ele gostaria de trocar pelo medo dos cavalos, seja acentuada energicamente diante dele. Uma insignificante melhora após essa primeira influência logo se perde num período de doença física. O estado não

III. Epícrise

se modificou. Logo depois, Hans encontra a derivação do medo de ser mordido por um cavalo a partir da reminiscência de uma impressão em Gmunden. Na ocasião, um pai advertia a filha que partia em viagem: não coloca o dedo no cavalo, senão ele vai te morder. As palavras em que Hans expressa a advertência do pai lembram a formulação da advertência contra o onanismo (colocar o dedo). Assim, de início os pais parecem ter razão quanto a Hans se apavorar com sua satisfação onanista. Porém, o nexo ainda é frouxo, e o cavalo parece ter assumido seu papel apavorante de um modo completamente casual.

Expressei a conjectura de que seu desejo recalcado poderia ser agora o de querer a todo custo ver o fazedor de xixi da mãe. Visto que seu comportamento para com uma nova empregada se harmoniza com isso, o pai lhe dá o primeiro esclarecimento: as mulheres não têm fazedor de xixi. Ele reage a esse primeiro auxílio com a comunicação de uma fantasia segundo a qual teria visto a mamãe mostrando o fazedor de xixi.[13] Essa fantasia e uma observação expressada numa conversa, de que seu fazedor de xixi estava grudado nele, permitem uma primeira olhada nas cadeias inconscientes de pensamento do paciente. Ele realmente se encontrava sob a impressão *a posteriori* da ameaça materna de castração, que ocorrera um ano e três meses antes, pois a fantasia de que a mãe faz o mesmo, a usual "devolução" das crianças acusadas, deve servir-lhe como desculpa; é uma fantasia de proteção e de defesa.

---

13. A partir do contexto, cabe complementar: e tocando-o (p. 73). Afinal, ele não pode mostrar seu fazedor de xixi sem tocá-lo.

Entretanto, temos de dizer-nos que foram os pais que, a partir do material patogênico atuante em Hans, ressaltaram o tema da ocupação com o fazedor de xixi. Nisto ele os seguiu, mas ainda não interveio por conta própria na análise. Não se observa um resultado terapêutico. A análise está muito longe dos cavalos, e a informação de que as mulheres não têm fazedor de xixi é mais apropriada, por seu conteúdo, a intensificar sua preocupação com a conservação do próprio fazedor de xixi.

Porém, não aspiramos em primeiro lugar ao resultado terapêutico, mas queremos colocar o paciente em condição de apreender conscientemente suas moções inconscientes de desejo. Obtemos isso ao trazer o complexo inconsciente *com nossas palavras* diante de sua consciência, baseados nas alusões que ele nos faz e com a ajuda de nossa arte interpretativa. O fragmento de semelhança entre aquilo que ele ouviu e aquilo que ele busca, e que, apesar de todas as resistências, quer irromper até a consciência, coloca-o em condição de encontrar o inconsciente. O médico está um pouco à frente dele em termos de compreensão; o paciente o segue por seus próprios caminhos até se encontrarem na meta assinalada. Os iniciantes na psicanálise costumam fundir esses dois momentos e considerar o instante em que passaram a conhecer um complexo inconsciente do doente também como aquele em que o doente o apreende. Eles esperam demais quando querem curá-lo ao comunicar esse conhecimento, ao passo que ele só pode utilizar o que lhe foi comunicado para, com seu auxílio, encontrar o

III. Epícrise

complexo inconsciente *ali onde ele está ancorado* em seu inconsciente. Obtemos um primeiro resultado desse tipo com Hans. Agora, depois de dar conta parcialmente do complexo de castração, ele é capaz de comunicar seus desejos em relação à mãe, e o faz de forma ainda distorcida por meio da *fantasia das duas girafas*, das quais uma grita inutilmente porque ele toma posse da outra. Ele representa a tomada de posse mediante a imagem do ato de sentar-se em cima. O pai reconhece nessa fantasia uma reprodução de uma cena que se desenrolou de manhã no quarto entre os pais e o filho, e não deixa de eliminar do desejo a distorção que ainda lhe adere. Ele e a mãe são as duas girafas. O disfarce na fantasia das girafas foi suficientemente determinado pela visita a esses grandes animais em Schönbrunn poucos dias antes, pelo desenho de girafa que o pai conservou de tempos antes e, talvez, também por uma comparação inconsciente que se liga ao pescoço longo e rígido da girafa.[14] Percebemos que a girafa, por ser um animal grande e interessante devido a seu fazedor de xixi, poderia ter se tornado uma concorrente dos cavalos em seu papel amedrontador, e também que o fato de o pai e a mãe serem ambos apresentados como girafas fornece uma indicação, por enquanto ainda não aproveitada, para a interpretação dos cavalos amedrontadores.

---

14. Harmoniza-se com isso a posterior admiração de Hans pelo pescoço do pai. [Segundo os editores da *Freud-Studienausgabe*, isso é uma provável condensação dos episódios das páginas 82 e 101. (N.T.)]

Duas fantasias menores, que Hans apresenta imediatamente depois da ficção das girafas – introduzir-se num espaço proibido em Schönbrunn e quebrar uma janela do trem –, e nas quais se salienta o que há de punível na ação e o pai aparece como cúmplice, infelizmente escapam à interpretação do pai. Por isso, sua comunicação tampouco traz qualquer proveito a Hans. Mas o que assim ficou incompreendido retornará; feito um espírito não redimido, não descansa até ter chegado à solução e à redenção.

A compreensão das duas fantasias transgressoras não nos oferece dificuldades. Elas pertencem ao complexo da tomada de posse da mãe. No menino, isso se debate como uma suspeita de algo que ele poderia fazer com a mãe e com o que a tomada de posse estaria consumada, e ele encontra certos representantes imagéticos para o inapreensível que têm em comum a violência, a proibição, e cujo conteúdo nos parece harmonizar-se tão notavelmente bem com a realidade oculta. Podemos apenas dizer que são fantasias simbólicas de coito, e não é de forma alguma secundário que o pai tome parte nelas: "Gostaria de fazer algo com a mamãe, algo proibido, não sei o que é, mas sei que também o fazes".

A fantasia com as girafas reforçou em mim uma convicção que já se manifestara em vista da seguinte declaração do pequeno Hans: "O cavalo vai entrar no quarto", e julguei o momento oportuno para comunicar-lhe esta parte, a ser postulada como essencial, de suas moções inconscientes: seu medo do pai devido a seus

III. Epícrise

desejos ciumentos e hostis contra ele. Com isso interpretei para ele parcialmente o medo dos cavalos: o pai devia ser o cavalo do qual, com uma boa fundamentação interior, ele tinha medo. Certos pormenores – a coisa preta na boca e aquilo diante dos olhos (bigode e óculos como prerrogativas do homem adulto) –, dos quais Hans mostrava medo, me pareciam ter sido transpostos diretamente do pai aos cavalos.

Com essa explicação, eu eliminara a mais eficaz resistência à conscientização dos pensamentos inconscientes de Hans, visto que afinal o próprio pai desempenhava o papel de médico junto a ele. A partir de então, estava superado o auge do estado de Hans, o material fluiu em abundância, o pequeno paciente mostrou coragem para comunicar os pormenores de sua fobia e logo interveio por conta própria no curso da análise.[15]

Só agora ficamos sabendo de que objetos e impressões Hans tem medo. Não só de cavalos e de que eles o mordam – disso logo não se fala mais –, mas também de coches, de carroças de mudança e de ônibus puxados por cavalos, cujo elemento comum logo aparece como sendo sua pesada carga, e de cavalos que se põem em movimento, de cavalos que parecem grandes e pesados e de

---

15. Nas análises que se faz como médico em desconhecidos, o medo do pai ainda representa um dos mais significativos papéis como resistência à reprodução do material patogênico inconsciente. As resistências têm em parte a natureza de "temas"; além disso, como neste exemplo, uma parte do material inconsciente é capaz, *quanto ao conteúdo*, de servir de inibição à reprodução de uma outra parte.

cavalos que andam rápido. O sentido dessas definições é então indicado pelo próprio Hans; ele tem medo de que os cavalos *caiam*, transformando assim em conteúdo de sua fobia tudo aquilo que parece facilitar essa queda dos cavalos.

Não é nada raro que se venha a ouvir o verdadeiro conteúdo de uma fobia, o correto teor de um impulso obsessivo [*Zwangimpuls*] etc. apenas depois de um certo empenho psicanalítico. O recalcamento afetou não só os complexos inconscientes; ele ainda se dirige constantemente contra seus derivados e impede o doente de perceber seus próprios produtos patológicos. Está-se aí, como médico, na singular situação de vir em auxílio da doença a fim de obter atenção para ela, mas só quem desconhece completamente a natureza da psicanálise destacará essa fase do empenho e disso esperará um dano causado pela análise. A verdade é que os nuremberguenses não enforcam ninguém que não tenham pego antes[16], e que requer algum trabalho apanhar as formações doentias que se pretende destruir.

Já mencionei nos comentários que acompanham a história clínica que é muito instrutivo aprofundar-se desse modo nos detalhes de uma fobia e obter a impressão segura de uma relação secundariamente estabelecida

---

16. Alusão ao provérbio "em Nuremberg ninguém é enforcado a não ser que seja apanhado", que remonta a uma das façanhas de um lendário cavaleiro chamado Eppelin von Gailingen: condenado à forca pelos crimes que cometera contra os nuremberguenses, ele escapa no último momento. (N.T.)

III. Epícrise

entre o medo e seus objetos. Daí a natureza peculiarmente difusa e, por outro lado, tão rigorosamente condicionada de uma fobia. O material para essas soluções especiais foi evidentemente tirado por nosso pequeno paciente das impressões que ele pode ter ao longo do dia diante dos olhos em consequência da posição do apartamento defronte do escritório central da alfândega. Nesse contexto, ele também revela uma vontade, agora inibida pelo medo, de brincar como os meninos da rua com as cargas das carroças, as bagagens, os barris e caixas.

Nesse estágio da análise ele reencontra a vivência, em si não significativa, que precedeu imediatamente a irrupção da doença e que por certo pode ser considerada como o ensejo dessa irrupção. Ele fora passear com a mamãe e viu cair e espernear um cavalo que puxava um ônibus. Isso causou sobre ele uma forte impressão. Ele se assustou violentamente e achou que o cavalo estava morto; a partir de então, todos os cavalos cairiam. O pai lhe indica que ao ver o cavalo caindo ele deve ter pensado nele, no pai, e desejado que ele caísse desse modo e estivesse morto. Hans não se opõe a essa interpretação; um momento depois, por meio de uma brincadeira que faz, ele aceita, ao morder o pai, a identificação deste com o temido cavalo e se comporta a partir de então livre e destemidamente, até mesmo de uma maneira um pouco petulante, em relação ao pai. Porém, o medo de cavalos ainda persiste e ainda não nos é claro por qual encadeamento o cavalo caindo atiçou seus desejos inconscientes.

Resumamos o que até agora se obteve: por trás do medo primeiramente expresso de que o cavalo o morderia descobriu-se o medo mais profundo de que os cavalos caiam, e ambos, tanto o cavalo que morde quanto o que cai, são o pai que irá castigá-lo por nutrir desejos tão maus contra ele. Nesse meio-tempo, afastamo-nos da mãe na análise.

De modo inteiramente inesperado e, por certo, sem a interferência do pai, Hans começa a se ocupar com o "complexo do *Lumpf*" e mostrar nojo por coisas que o recordam a evacuação. O pai, que só o acompanha contra a vontade, impõe, em meio a isso, a continuação da análise tal como gostaria de conduzi-la e leva Hans a lembrar-se de uma vivência em Gmunden, cuja impressão se ocultara por trás da do cavalo caindo. Fritzl, seu querido camarada de brincadeiras, talvez também seu concorrente juntos às muitas companheiras de brincadeira, topara com o pé numa pedra ao brincar de cavalo, caíra, e o pé sangrara. A vivência com a queda do cavalo havia recordado esse acidente. É notável que Hans, que nesse momento está ocupado com outras coisas, negue de início a queda de Fritzl, a qual estabelece o nexo, admitindo-a apenas num estágio posterior da análise. Porém, para nós pode ser interessante ressaltar como a transformação de libido em angústia se projeta sobre o principal objeto da fobia, o cavalo. Os cavalos eram-lhe os grandes animais mais interessantes, brincar de cavalo era a sua brincadeira preferida com os coleguinhas. A suposição de que o pai lhe serviu de início como cavalo é confirmada por uma

III. Epícrise

averiguação junto ao pai, e assim, no acidente em Gmunden, a pessoa do pai pôde ser substituída pela de Fritzl. Depois de ocorrida a virada do recalcamento, ele passou a ter medo dos cavalos a que antes ligara tanto prazer.

Mas já dissemos que devemos à intervenção do pai esta última e significativa explicação sobre a efetividade do ensejo para a doença. Hans está interessado no *Lumpf*, e por fim precisamos segui-lo até aí. Ficamos sabendo que anteriormente ele costumava se impor à mãe como acompanhante no banheiro e que repetiu isso com a então substituta da mãe, a amiga Berta, até que se soube disso e foi proibido. O prazer de assistir às excreções de uma pessoa querida também corresponde a um "entrelaçamento de impulsos", do qual já observamos um exemplo em Hans. Por fim, também o pai aceita o simbolismo do *Lumpf* e reconhece uma analogia entre uma carroça pesadamente carregada e um ventre carregado de massas fecais, o modo como a carroça sai pelo portão e como se expelem as fezes do ventre etc.

No entanto, a posição de Hans na análise alterou-se de modo essencial em comparação com estágios anteriores. Se antes o pai podia lhe prever o que viria, até que Hans, seguindo a indicação, viesse a trote atrás dele, agora ele corre à frente com passo seguro e o pai se esforça por segui-lo. Hans traz abruptamente uma nova fantasia: o serralheiro ou instalador desaparafusou a banheira na qual Hans se encontra e então o golpeou na barriga com sua grande broca. A partir de então, nossa compreensão manqueja atrás do material. Apenas mais tarde descobrimos que se trata da elaboração, distorcida pelo medo, de uma *fantasia de geração*. A grande banheira em que Hans está sentado na água é o ventre materno; a "broca" [*Bohrer*], que já ao pai se torna identificável como um grande pênis, deve sua menção ao nascimento [*Geborenwerden*]. Naturalmente, soa bastante estranho se precisamos dar à fantasia esta interpretação: com teu grande pênis tu me "perfuraste com a broca" ["*gebohrt*"] (fizeste nascer [*zur Geburt gebracht*]) e me puseste no ventre materno. Mas, por enquanto, a fantasia escapa à interpretação e serve a Hans apenas como ligação para continuar suas comunicações.

O medo que Hans mostra de tomar banho na banheira grande é, mais uma vez, um medo composto. Uma parte dele ainda nos escapa, a outra é logo esclarecida através de uma relação com o banho da irmãzinha. Hans admite o desejo de que a mãe deixe a pequena cair durante o banho de modo que morra; seu próprio medo de tomar banho era o medo da retaliação por esse mau desejo, do castigo de que lhe acontecesse o mesmo. Então ele deixa o tema do *Lumpf* e passa imediatamente ao da irmãzinha. Mas podemos presumir o que significa essa sucessão. Não é outra coisa senão que a pequena Hanna é ela mesma um *Lumpf*, que todas as crianças são *Lumpf* e nascem como *Lumpf*. Compreendemos então que todas as carroças de mudança, todos os ônibus e todas as carroças de carga são apenas carroças com caixas de cegonha, só tinham interesse para ele como representantes simbólicos da gravidez e que na queda dos cavalos pesados ou

III. Epícrise

pesadamente carregados ele não pode ter visto outra coisa senão um... nascimento, um parto [*Niederkommen*].[17] O cavalo que cai não era portanto apenas o pai que morre, e sim também a mãe que dá à luz.

E então Hans traz a surpresa para a qual de fato não estávamos preparados. Ele havia notado a gravidez da mãe, que afinal terminara com o nascimento da pequena quando ele tinha três anos e meio, e construíra o correto estado de coisas, pelo menos após o parto, por certo sem expressá-lo, talvez sem tampouco poder expressá-lo; só se podia observar na época que imediatamente após o parto ele se comportara de maneira muito cética em relação a todos os sinais que apontariam a presença da cegonha. *Porém, o fato de saber no inconsciente, e em completa oposição a suas falas oficiais, de onde a criança veio e onde estivera antes,* tudo isso é apresentado pela análise fora de qualquer dúvida; é, talvez, a parte mais inabalável dela.

A prova concludente disso é fornecida pela fantasia tenazmente mantida, adornada com muitos detalhes, de que Hanna já estivera com eles em Gmunden no verão anterior a seu nascimento, viajara para lá e fora então capaz de fazer muito mais coisas do que um ano mais tarde, após o nascimento. O atrevimento com que Hans apresenta essa fantasia e as inúmeras mentiras doidas que nela entretece não são de forma alguma absurdos; tudo deve servir à sua vingança contra o pai, de quem se ressente por ter sido enganado com a historieta da cegonha. É como se ele quisesse dizer: já que me consideraste tão estúpido

---

17. Ver nota 50, seção II. (N.T.)

e capaz de acreditar que a cegonha trouxe a Hanna, então posso te pedir em troca que tomes por verdade as minhas invenções. Num nexo transparente com esse ato de vingança do pequeno pesquisador contra o pai, alinha-se a fantasia de bulir [*Necken*] com os cavalos e batê-los. Mais uma vez, ela é duplamente estruturada; apoia-se, por um lado, na zombaria [*Neckerei*] a que acabara de submeter o pai, e, por outro lado, traz de volta aqueles obscuros apetites sádicos contra a mãe, que, de início ainda incompreendidos por nós, haviam se manifestado nas fantasias das ações proibidas. Ele também admite conscientemente a vontade de bater na mamãe.

Agora não temos mais muitos enigmas a esperar. Uma obscura fantasia de perder o trem parece ser uma precursora da posterior acomodação do pai junto à avó em Lainz, visto que trata de uma viagem a Lainz e que a avó nela aparece. Uma outra fantasia, em que um moleque dá cinquenta mil florins ao condutor para que ele o deixe andar com o carrinho, soa quase como um plano de comprar a mãe ao pai, cuja força, afinal, reside em parte em sua riqueza. Então ele confessa o desejo de eliminar o pai e a fundamentação desse desejo – o fato de o pai atrapalhar sua intimidade com a mãe – com uma franqueza que ainda não mostrara até então. Não devemos nos admirar se essas mesmas moções de desejo surgem repetidamente no curso da análise; é que a monotonia surge apenas graças às interpretações relacionadas; para

III. Epícrise

Hans não são meras repetições, e sim desenvolvimentos progressivos que avançam da alusão tímida até a clareza plenamente consciente, livre de qualquer distorção.

    O que então ainda se segue são confirmações, que partem de Hans, dos resultados analíticos já garantidos por nossa interpretação. Numa ação sintomática inequívoca, que ele apenas disfarça ligeiramente diante da empregada, mas não diante do pai, ele mostra como imagina um nascimento; porém, se olharmos com mais atenção, ele mostra ainda mais: ele aponta para algo que não vem mais à baila na análise. Pelo orifício redondo no corpo de borracha de uma boneca ele enfia uma faquinha que pertence à mamãe, deixando-a cair para fora ao separar suas pernas. O subsequente esclarecimento dos pais, de que as crianças de fato crescem no corpo da mãe e são expulsas como um *Lumpf*, vem tarde demais; ele não é mais capaz de contar-lhe algo novo. Por meio de outra ação sintomática, que acontece como que por acaso, ele admite ter desejado a morte do pai ao deixar cair, isto é, ao derrubar, um cavalo com que ele brinca no momento em que o pai fala desse desejo de morte. Com palavras, ele confirma que as carroças pesadamente carregadas lhe representam a gravidez da mãe, e que a queda do cavalo foi como quando se dá à luz um filho. A mais valiosa confirmação nesse contexto – a prova de que crianças são "*Lumpf*" graças à invenção do nome "Lodi" para a sua filha preferida – chega apenas com atraso ao nosso conhecimento, pois ficamos sabendo que ele já tinha brincado com essa criança-salsicha por longo tempo.[18]

Já apreciamos as duas fantasias finais de Hans, com as quais seu restabelecimento se torna completo. Uma delas, a do instalador que lhe coloca um fazedor de xixi novo e, conforme deduz o pai, maior, não é meramente a repetição da mais antiga que se ocupa do instalador e da banheira. Ela é uma triunfante fantasia de desejo e contém a superação do medo da castração. A segunda fantasia, que confessa o desejo de estar casado com a mãe e ter com ela muitos filhos, esgota não só o conteúdo daqueles complexos inconscientes que haviam se agitado à vista do cavalo que cai e liberado medo – ela também corrige o que era absolutamente inaceitável naqueles pensamentos, pois, em vez de matar o pai, torna-o inofensivo mediante a elevação ao casamento com a avó. Com essa fantasia, encerram-se, justificadamente, a doença e a análise.

Durante a análise de um caso clínico não se consegue obter uma impressão clara da estrutura e do desenvolvimento da neurose. Isso é assunto de um trabalho sintético ao qual é preciso submeter-se depois. Ao empreendermos essa síntese na fobia de nosso pequeno Hans, tomamos como ponto de partida a descrição de sua

---

18. Uma ideia de início estranha do genial desenhista T.T. Heine, que, numa página da revista *Simplizissimus*, representa como o filho do açougueiro vai parar na máquina de salsichas e então, sob a forma de salsicha, é chorado, abençoado e voa para céu, encontra, graças ao episódio de Lodi em nossa análise, sua remissão a uma raiz infantil.

III. Epícrise

constituição, de seus desejos sexuais condutores e de suas vivências até o nascimento da irmã, descrição apresentada nas páginas anteriores deste estudo.

A chegada dessa irmã lhe trouxe várias coisas que a partir de então não lhe deram sossego. Primeiramente, uma certa privação; de início, uma separação temporária da mãe e, mais tarde, uma diminuição duradoura do cuidado e da atenção dela, os quais ele teve de se acostumar a partilhar com a irmã. Em segundo lugar, uma reanimação de suas vivências prazerosas oriundas do cuidado que lhe fora dispensado, evocada por tudo aquilo que ele via a mãe fazer com a irmãzinha. Das duas influências, resultou uma intensificação de sua necessidade erótica, que começou a carecer de satisfação. Pela perda que a irmã lhe trouxe, ele se compensa com a fantasia de que ele próprio tem filhos, e, enquanto ele realmente pôde brincar com essas crianças (em sua segunda estadia) em Gmunden, sua ternura encontrou descarga satisfatória. Mas, ao retornar a Viena, ele estava novamente sozinho, ligou todas as suas exigências à mãe e sofreu mais privações, visto que desde a idade de quatro anos e meio fora banido do quarto dos pais. Sua excitabilidade erótica intensificada expressou-se então em fantasias que evocavam, em sua solidão, os companheiros do verão, e em satisfações autoeróticas regulares pela estimulação masturbatória do genital.

Porém, em terceiro lugar, o nascimento da irmã lhe trouxe a incitação a um trabalho de pensamento que, por um lado, não podia ser solucionado e, por outro, o enredou em conflitos emocionais. Apresentou-se a ele o grande enigma da origem dos bebês, talvez o primeiro problema cuja solução ocupa as forças intelectuais da criança, problema do qual o enigma da esfinge tebana provavelmente reproduz apenas uma distorção.[19] Ele rejeitou a explicação que lhe foi oferecida, de que a cegonha trouxera a Hanna. Afinal, ele percebera que meses antes do nascimento da pequena a mãe ficara com um grande ventre, que então ficara de cama, que gemera durante o parto e que então se erguera esbelta. Ele concluiu portanto que a Hanna estivera no ventre da mãe e então saíra como um "*Lumpf*". Ele pôde imaginar esse parto como algo prazeroso ao ligá-lo a sensações prazerosas próprias e antiguíssimas durante a evacuação, podendo, portanto, desejar com dupla motivação ter crianças ele próprio para dar-lhes à luz com prazer e então (com um prazer de retribuição, por assim dizer) cuidá-las. Nada havia em tudo isso que o levasse a dúvidas ou a conflitos.

Mas havia mais uma coisa que só poderia incomodá-lo. O pai devia ter algo a ver com o *nascimento* da pequena Hanna, pois ele afirmava que Hanna e ele próprio, Hans, eram seus filhos. Mas ele certamente não os tinha posto no mundo, e sim a mamãe. Esse pai estava lhe atrapalhando junto à mãe. Quando ele estava presente, Hans não podia dormir com a mãe, e quando

---

19. Em *Édipo rei*, de Sófocles, a esfinge pergunta a Édipo qual o animal que caminha sobre quatro patas quando filhote, sobre duas quando adulto e sobre três quando velho; Édipo responde-lhe que é o homem, pois este engatinha quando criança, caminha sobre dois pés quando adulto e apoia-se numa bengala na velhice. (N.T.)

III. Epícrise

a mãe queria tomar Hans consigo na cama, o pai gritava. Hans fizera a experiência de como as coisas poderiam ser boas para ele na ausência do pai, e o desejo de eliminá-lo era bem justificado. E então essa hostilidade recebeu um reforço. O pai contara a ele a mentira da cegonha e com isso lhe tornara impossível pedir-lhe esclarecimentos nesses assuntos. Ele não só o impedia de ficar com a mãe na cama, mas também lhe ocultava o conhecimento a que aspirava. Ele o prejudicava em ambas as direções, e isso, evidentemente, para sua própria vantagem.

O primeiro conflito emocional, de início não solucionável, resultou do fato de que ele desde sempre amara e continuaria amando esse mesmo pai a quem tinha de odiar como concorrente, de que ele era seu modelo, seu primeiro camarada de brincadeiras e também quem dele cuidara nos primeiros anos. Dado o modo como a natureza de Hans se desenvolvera, o amor tinha de predominar por ora e reprimir o ódio, sem conseguir eliminá-lo, pois este voltava a ser constantemente alimentado pelo amor à mãe.

Mas o pai não só sabia de onde vinham os bebês, ele também realmente praticava aquilo que Hans apenas podia pressentir de modo obscuro. O fazedor de xixi, cuja excitação acompanhava todos esses pensamentos, devia ter algo a ver com isso, e devia ser um fazedor de xixi grande, maior do que o de Hans. Seguindo-se as indicações da percepção daí resultantes, devia tratar-se de uma violência cometida contra a mãe, de um destroçar, um criar aberturas, um penetrar num espaço fechado, e o menino podia perceber em si o impulso [*Impuls*] para tanto; porém, embora estivesse no caminho de postular a vagina a partir de suas sensações penianas, ele não pôde resolver o enigma, pois algo como o que o fazedor de xixi precisava não estava, afinal, entre seus conhecimentos; a convicção de que a mamãe possuía um fazedor de xixi como o seu era antes um obstáculo no caminho da solução. A tentativa de solucionar a questão do que se devia fazer com a mamãe para que ela tivesse filhos afundou no inconsciente, e os dois impulsos [*Impulse*] ativos, o hostil em relação ao pai e o terno-sádico em relação à mãe, ficaram sem uso, um devido ao amor existente ao lado do ódio, e o outro em virtude da perplexidade que resultou das teorias sexuais infantis.

Apenas desse modo, apoiado nos resultados da análise, consegui construir os complexos e as moções de desejo inconscientes cujo recalcamento e redespertar trouxeram à luz a fobia do pequeno Hans. Sei que com isso se atribui muito às faculdades de pensamento de uma criança entre quatro e cinco anos, mas deixo-me conduzir pelas coisas novas de que tomamos conhecimento e não me julgo preso pelos preconceitos de nossa ignorância. Talvez se tivesse podido aproveitar o medo do "alvoroço com as patas" para preencher lacunas em nosso procedimento probatório. É verdade que Hans disse que isso o lembrava do espernear de quando era obrigado a interromper sua brincadeira para fazer *Lumpf*, de modo que esse elemento da neurose entra em relação com o problema de saber se a mamãe ganha crianças de

III. Epícrise

bom grado ou apenas à força, mas não me parece que isso forneça o pleno esclarecimento do "alvoroço com as patas". O pai não pôde confirmar minha suposição de que no filho despertou uma reminiscência de um ato sexual dos pais por ele observado no quarto. Contentemo-nos portanto com aquilo que ficamos sabendo.

É difícil dizer, e provavelmente só poderia ser decidido pela comparação com várias análises parecidas, qual foi a influência que, na situação descrita em Hans, levou à virada, à transformação do anseio libidinoso em medo, e em que extremidade começou o recalcamento; se a incapacidade intelectual da criança para resolver o difícil problema da geração dos bebês e para utilizar os impulsos [*Impulse*] agressivos liberados pela aproximação à solução foi determinante, ou se foi uma incapacidade somática, uma intolerância de sua constituição à satisfação masturbatória praticada regularmente, se a mera continuação da excitação sexual numa intensidade tão alta precisou levar à transformação – julgo-o incerto até que uma maior experiência venha em nosso auxílio.

As circunstâncias cronológicas proíbem que se atribua influência demasiada ao ensejo ocasional para a irrupção da doença, pois bem antes de ver o cavalo cair na rua era possível observar indícios de estados angustiosos em Hans.

De toda forma, a neurose partiu diretamente dessa vivência acidental e conservou a marca dela na elevação do cavalo à categoria de objeto de medo. Essa impressão não tem em si mesma uma "força traumática"; apenas a anterior importância do cavalo como objeto de predileção e de interesse, e a ligação com a vivência em Gmunden, traumaticamente mais apropriada, da queda de Fritzl ao brincar de cavalo, bem como o fácil caminho associativo de Fritzl ao pai, dotaram de uma eficácia tão grande o acidente observado por acaso. É provável que mesmo essas relações não teriam bastado se a mesma impressão, graças à flexibilidade e à multivocidade das ligações associativas, também não tivesse se mostrado apropriada para tocar o segundo complexo que estava à espreita no inconsciente de Hans, o complexo do parto da mãe grávida. A partir daí, estava aberto o caminho para o retorno do recalcado, e ele foi trilhado de tal modo que *o material patogênico aparecesse elaborado com vista ao complexo dos cavalos (transposto a esse complexo) e os afetos concomitantes aparecessem uniformemente transformados em medo.*

Notavelmente, o conteúdo representacional da fobia naquele momento teve de admitir mais uma distorção e substituição antes que a consciência tomasse conhecimento dele. As primeiras palavras com que Hans expressou seu medo foram: o cavalo vai me morder; elas provêm de outra cena em Gmunden, que, por um lado, tem relação com o desejo hostil contra o pai e, por outro lado, lembra a advertência contra o onanismo. Impôs-se aí uma influência diversionista que talvez tenha partido dos pais; não estou certo de que os relatos sobre Hans tenham sido redigidos na época com suficiente cuidado para nos permitir decidir se ele deu essa expressão a seu medo *antes ou apenas depois* de a mãe lhe cobrar explica-

III. Epícrise

ções por causa da masturbação. Opondo-me à exposição da história clínica, eu suporia que foi depois. De resto, é inequívoco que em Hans o complexo hostil contra o pai encobre por toda parte o complexo voluptuoso em relação à mãe, da mesma forma que também na análise ele foi descoberto e resolvido primeiro.

Em outros casos clínicos se acharia muito mais a dizer sobre a estrutura de uma neurose, seu desenvolvimento e expansão, mas a história clínica de nosso pequeno Hans é bastante breve; logo após seu começo, ela é substituída pela história do tratamento. Quando a fobia pareceu então continuar a se desenvolver durante o tratamento, puxando novos objetos e novas condições para seu campo, o pai, que fazia ele mesmo o tratamento, foi naturalmente sensato o bastante para ver nisso apenas um aparecimento de algo já pronto e não uma nova produção que se poderia imputar ao tratamento. Em outros casos de tratamento não se pode contar sempre com tal sensatez.

Antes de declarar concluída esta síntese, preciso ainda apreciar outro ponto de vista que nos lançará no meio das dificuldades de compreensão dos estados neuróticos. Vemos como nosso pequeno paciente é acometido por um importante surto recalcador que afeta precisamente seus componentes sexuais dominantes.[20] Ele renuncia ao

---

20. O pai observou inclusive que simultaneamente a esse recalcamento ocorre nele uma certa sublimação. Desde o começo de seus medos, ele mostra um interesse intensificado por música e desenvolve sua aptidão musical hereditária.

onanismo, repele com nojo o que lembra os excrementos e a observação durante as excreções. No entanto, não são esses os componentes que são agitados pelo ensejo da doença (a visão do cavalo que cai) e que fornecem o material para os sintomas, o conteúdo da fobia.

Há ocasião aí, portanto, para estabelecer uma distinção de princípio. É provável que se chegue a uma compreensão mais profunda do caso clínico quando se volta a atenção àqueles outros componentes que preenchem as duas condições recém-mencionadas. No caso de Hans, são moções que já haviam sido reprimidas e que, até onde ficamos sabendo, nunca puderam se manifestar sem inibições: sentimentos ciumento-hostis em relação ao pai e ímpetos sádicos, correspondendo a vislumbres do coito, em relação à mãe. Nessas repressões prematuras encontra-se talvez a predisposição ao posterior adoecimento. Essas tendências agressivas não acharam em Hans qualquer saída, e, tão logo querem irromper, fortalecidas, numa época de privação e excitação sexual intensificada, trava-se aquela luta que chamamos de "fobia". Durante essa luta, uma parte das representações recalcadas penetra na consciência, distorcida e transposta a um outro complexo, sob a forma de conteúdo da fobia; mas não há dúvida de que isso é um resultado magro. A vitória fica com o recalcamento, *que, nessa ocasião, se expande a outros componentes além dos mais importantes.* Isso nada muda no fato de a essência do estado patológico se manter completamente ligada à natureza dos componentes impulsionais que devem ser rechaçados. A intenção e o

III. Epícrise

conteúdo da fobia é uma ampla restrição da liberdade de movimento; ela é, portanto, uma poderosa reação aos obscuros impulsos ao movimento [*Bewegungsimpulse*] que pretendiam se voltar em especial à mãe. O cavalo sempre fora para o menino o modelo do prazer de movimentar-se ("sou um cavalo novo", diz Hans ao saltitar por aí), mas, como esse prazer de movimentar-se inclui o impulso ao coito [*Koitusimpuls*], tal prazer é restringido pela neurose, e o cavalo é elevado à categoria de símbolo do pavor. Parece que nada resta aos impulsos recalcados na neurose senão a honra de fornecer os pretextos ao medo na consciência. No entanto, por mais nítido que seja o triunfo do rechaço ao sexual na fobia, a natureza de compromisso da doença não permite que o recalcado não alcance outra coisa. A fobia de cavalos é afinal um obstáculo para andar na rua, e pode servir de expediente para ficar em casa com a querida mãe. Nisso, portanto, a ternura pela mãe se impôs vitoriosamente; em consequência da fobia, o amante se aferra a seu amado objeto, mas sem dúvida se cuidou para que o amante não cause danos. Nesses dois efeitos, revela-se a verdadeira natureza de um adoecimento neurótico.

Num trabalho rico em ideias[21], do qual tomei há pouco o termo "entrelaçamento de impulsos", Alfred Adler expôs recentemente que o medo surgiria pela repressão do que ele chama de "impulso agressivo", e, numa síntese abrangente, atribuiu a esse impulso o papel principal nos acontecimentos, "na vida e na neurose".

---
21. Ver acima, p. 168 e 191.

Se chegamos à conclusão de que em nosso caso de fobia o medo deve ser explicado pelo recalcamento daquelas tendências agressivas, as hostis em relação ao pai e as sádicas em relação à mãe, parecemos ter chegado a uma retumbante confirmação da concepção de Adler. E, no entanto, não posso aprová-la, considerando-a uma generalização enganosa. Não posso me decidir a supor um impulso agressivo especial ao lado e com os mesmos direitos dos nossos conhecidos impulsos sexuais e de autoconservação.[22] Parece-me que Adler hipostasiou sem razão em um impulso especial uma característica universal e imprescindível de todos os impulsos, precisamente o "impulsional", o impelente neles, o que podemos descrever como a faculdade de estimular a motilidade. Dos outros impulsos, então, nada resta senão a relação com uma meta depois que a relação com os meios de alcançar essa meta lhes é tirada pelo "impulso agressivo"; apesar de toda a insegurança e falta de clareza de nossa teoria dos impulsos, gostaria

---

22. [*Acréscimo de 1923:*] O que consta no texto foi escrito numa época em que Adler ainda parecia estar no terreno da psicanálise, antes de propor o protesto masculino e negar o recalcamento. Desde então, também tive de estatuir um "impulso agressivo", que não coincide com o adleriano. Prefiro chamá-lo de "impulso de destruição ou de morte" (*Além do princípio de prazer, O eu e o isso*). Sua oposição aos impulsos libidinosos ganha expressão na conhecida polaridade de amar e odiar. Também continua de pé minha oposição à hipótese adleriana, que minimiza uma característica universal dos impulsos em geral em favor de uma única característica.

III. Epícrise

de ater-me por ora à concepção costumeira, que deixa a cada impulso sua própria faculdade de se tornar agressivo, e nos dois impulsos que em nosso Hans chegaram ao recalcamento eu reconheceria os bem conhecidos componentes da libido sexual.

3

Antes de entrar nas discussões, presumivelmente breves, sobre que elementos de valor universal podem ser tirados da fobia do pequeno Hans para a vida e a educação infantil, preciso tratar da objeção, por longo tempo deixada de lado, que nos adverte que Hans é um neurótico, um "hereditarista", um *dégénéré*, que não é uma criança normal da qual se pudesse fazer transferências a outras crianças. Há muito já me lastimo quando penso em como todos os partidários do "homem normal" maltratarão nosso pobre pequeno Hans depois que souberem que de fato se pode demonstrar que ele tem uma tara hereditária. Prestei auxílio à sua bela mãe quando ela adoeceu neuroticamente num conflito da época de solteira, e esse foi inclusive o começo de minhas relações com os pais dele. Apenas bem timidamente, ouso apresentar algumas coisas em favor de Hans.

Em primeiro lugar, que ele não é aquilo que, segundo a estrita observância, se imaginaria como uma criança degenerada, hereditariamente destinada à nervosidade, mas, pelo contrário, um camarada fisicamente bem formado, jovial, amável e intelectualmente vivaz, com quem não só o próprio pai pode se alegrar. Contudo, não há dúvida quanto à sua precocidade sexual, mas aí falta muito material comparativo para um juízo acertado. De uma pesquisa de coleta de dados de uma fonte norte-americana[23], por exemplo, concluí que a escolha de objeto e os sentimentos amorosos analogamente precoces não são nada raros em meninos, e sabe-se o mesmo da história de infância de homens mais tarde reconhecidos como "grandes", de modo que acredito que a precocidade sexual é um correlato raramente ausente da precocidade intelectual, sendo por isso encontrada com mais frequência nas crianças dotadas do que se esperaria.

Além disso, em minha parcialidade confessa em favor do pequeno Hans, declaro que ele não é a única criança acometida por fobias em algum momento dos anos de infância. Como se sabe, tais adoecimentos são extraordinariamente frequentes, mesmo em crianças cuja educação nada deixa a desejar em termos de rigor. As crianças em questão ou se tornam mais tarde neuróticas, ou ficam saudáveis. Suas fobias são caladas a gritos no quarto das crianças por serem inacessíveis ao tratamento e certamente muito incômodas. Elas se enfraquecem então no curso de meses ou anos e aparentemente se curam; ninguém consegue ver as modificações psíquicas que tal cura implica, as modificações de caráter

---

23. Sanford Bell, 1902. (Nota dos editores da *Freud-Studienausgabe*.)

III. Epícrise

a ela ligadas. Quando, então, tomamos em tratamento psicanalítico um neurótico adulto que, suponhamos, adoeceu manifestamente apenas em anos maduros, em geral ficamos sabendo que sua neurose tem como ponto de partida aquele medo infantil, que ela representa a continuação dele, e que portanto um trabalho psíquico ininterrupto, mas também imperturbado, se desenrolou pela vida afora a partir daqueles conflitos infantis, sem consideração pelo fato de seu primeiro sintoma persistir ou retrair-se sob a pressão das circunstâncias. Penso, assim, que nosso Hans talvez não tenha adoecido com intensidade maior do que muitas outras crianças que não são estigmatizadas como "degeneradas"; porém, visto que ele foi criado sem intimidação, com a maior consideração possível e a menor coerção possível, seu medo se atreveu a aparecer de uma forma mais ousada. Faltaram-lhe os motivos da consciência pesada e do medo do castigo, que normalmente por certo contribuem para sua diminuição. Parece-me que damos importância demasiada aos sintomas e nos preocupamos muito pouco em saber de onde provêm. Na educação infantil nada queremos senão ser deixados em paz, sem vivenciar dificuldades, em suma, criar uma criança bem-comportada, e prestamos muito pouca atenção se esse curso de desenvolvimento também lhe é benéfico. Assim, eu poderia imaginar que tenha sido salutar para nosso Hans ter produzido essa fobia, pois ela dirigiu a atenção dos pais às inevitáveis dificuldades que a superação dos componentes impulsionais inatos deve causar à criança na educação para a cultura, e porque esse seu distúrbio trouxe consigo o auxílio do pai. Em relação a outras crianças, talvez ele tenha a vantagem de não levar mais em si aquele embrião de complexos recalcados que sempre tem de significar algo para a vida posterior, que certamente traz consigo uma deformação de caráter em alguma medida, quando não a disposição a uma posterior neurose. Estou inclinado a pensar assim, mas não sei se muitos outros partilharão meu juízo e tampouco sei se a experiência me dará razão.

No entanto, preciso perguntar: no que Hans foi prejudicado pelo fato de virem à luz os complexos não só recalcados pelas crianças, mas também temidos pelos pais? Será que o pequeno levou a sério suas pretensões em relação à mãe, ou será que atos de violência tomaram o lugar das más intenções em relação ao pai? Por certo muitos temeram isso, pessoas que desconhecem a natureza da psicanálise e pensam que os maus impulsos são reforçados quando tornados conscientes. Esses sábios agem de modo perfeitamente coerente quando desaconselham, pelo amor de Deus, qualquer ocupação com as coisas más que se encontram por trás das neuroses. Contudo, nisso eles esquecem que são médicos, e caem numa semelhança fatídica com o Holzapfel de Shakespeare em *Muito barulho por nada*[24], que igualmente aconselha a guarda enviada em ronda a se manter bem longe de qualquer contato com os ladrões e arrombadores que

---

24. Ato III, cena 3. Holzapfel é o nome que recebe o personagem Dogberry na tradução alemã. (N.T.)

III. Epícrise

porventura encontre. Tal escória não seria digna do trato de gente honesta.[25]

As únicas consequências da análise, pelo contrário, são as de que Hans fica saudável, não tem mais medo de cavalos e passa a se relacionar de um modo mais descontraído com seu pai, segundo este relata com alegria. Porém, aquilo que o pai talvez perca em respeito, ele ganha de volta em confiança: "Eu achei que sabias tudo porque soubeste aquilo do cavalo". Pois a análise não anula o *resultado* do recalcamento; os impulsos que então foram reprimidos, continuam reprimidos, mas ela alcança esse resultado por um outro caminho, substituindo o processo do recalcamento, que é automático e excessivo, pela sujeição com medida e meta, contando com o auxílio das mais elevadas instâncias psíquicas; numa palavra: *a análise substitui o recalcamento pela condenação*. Ela parece nos fornecer a prova por longo tempo buscada de que a consciência tem uma função biológica, de que a sua entrada em cena está ligada a uma significativa vantagem.[26]

---

25. Não posso reprimir aqui esta questão espantada: de onde esses adversários de meus pontos de vista extraem o saber, apresentado com tanta segurança, de que os impulsos sexuais recalcados representam um papel na etiologia das neuroses, e qual seria este, se eles trancam a boca dos pacientes tão logo comecem a falar de seus complexos e dos derivados destes? As minhas comunicações e as de meus discípulos são então, afinal, a única ciência que lhes permanece acessível.

26. [*Acréscimo de 1923:*] Emprego a palavra "consciência" nesse trecho num sentido que mais tarde evitei, a saber, para o nosso pensamento normal e capaz de tornar-se consciente. Sabemos que tais processos de pensamento também (continua na p. 212)

Se a decisão tivesse cabido apenas a mim, eu teria ousado dar à criança também a explicação que os pais lhe negaram. Eu teria confirmado suas suspeitas impulsionais ao contar-lhe sobre a existência da vagina e do coito, diminuindo assim mais uma parte do resto não resolvido e dando um fim ao seu ímpeto interrogativo. Estou convencido de que ele não teria perdido o amor à mãe nem a sua natureza infantil em decorrência desses esclarecimentos, e teria reconhecido que sua ocupação com essas coisas importantes e até mesmo impressionantes precisa descansar até que seu desejo de ficar grande tenha se cumprido. Mas o experimento pedagógico não foi levado tão longe.

O fato de não ser lícito traçar uma fronteira precisa entre crianças e adultos "nervosos" e "normais"; de "doença" ser um conceito somatório puramente prático, de predisposição e vivência precisarem coincidir a fim de que se ultrapasse o limiar para a obtenção dessa soma, de, em razão disso, haver constantemente muitos indivíduos passando da classe dos sadios para a dos doentes nervosos e um número muito menor fazendo o caminho na direção inversa – isso são coisas que foram ditas tantas vezes e encontraram tamanha ressonância que por certo não estou sozinho ao afirmá-las. O fato de a educação da

---

(cont. da p. 211) podem ocorrer de modo *pré*-consciente e fazemos bem ao avaliar sua "consciência" de um modo puramente fenomenológico. Naturalmente, com isso não se contradiz a expectativa de que o tornar-se consciente também preencha uma função biológica.

III. Epícrise

criança poder exercer uma forte influência a favor ou em desfavor da predisposição patológica a ser considerada nessa soma é, pelo menos, muito provável, mas o que a educação deve almejar e onde deve intervir, isso ainda parece inteiramente questionável. Até agora, ela sempre se colocou a tarefa de dominar – com frequência, mais corretamente, de reprimir – os impulsos; o resultado não foi satisfatório, e quando obtido, isso ocorreu em benefício de um pequeno número de pessoas privilegiadas das quais não se exige a repressão dos impulsos. Tampouco se perguntou por qual caminho e com que sacrifícios se alcançou a repressão dos incômodos impulsos. Caso se substitua essa tarefa por outra, a de tornar o indivíduo apto à cultura e socialmente utilizável com a menor perda de sua atividade, os esclarecimentos conseguidos pela psicanálise sobre a origem dos complexos patogênicos e sobre o cerne de toda neurose têm verdadeiramente o direito de serem apreciados pelo educador como indicações inestimáveis para seu comportamento em relação à criança. Deixo a outros testar e decidir que conclusões práticas daí resultam e em que medida a experiência pode justificar sua aplicação dentro de nossas condições sociais.

Não posso me despedir da fobia de nosso pequeno paciente sem enunciar a hipótese que torna especialmente valiosa para mim a análise que levou à sua cura. Estritamente falando, nada fiquei sabendo de novo dessa análise, nada que eu já não tenha podido deduzir, muitas vezes de um modo menos nítido e mais indireto, em outros pacientes tratados em idade madura. E visto que as neuroses desses outros doentes sempre podiam ser explicadas pelos mesmos complexos infantis que foi possível descobrir por trás da fobia de Hans, estou tentado a reivindicar para essa neurose infantil uma importância típica e modelar, como se a multiplicidade dos fenômenos neuróticos de recalcamento e a riqueza do material patogênico não estivessem no caminho de uma derivação a partir de bem poucos processos ocorridos nos mesmos complexos de representações.

Pós-escrito à análise do pequeno Hans (1922)

Há alguns meses – na primavera de 1922 –, apresentou-se a mim um jovem e declarou ser o "pequeno Hans", a respeito de cuja neurose infantil eu fizera o relato em 1909. Fiquei muito contente por revê-lo, pois o perdera de vista cerca de dois anos após o fim de sua análise, e por mais de uma década eu nada soubera de seus destinos. A publicação dessa primeira análise feita numa criança causou muita sensação e ainda mais indignação, e profetizaram ao pobre garoto uma grande desgraça por ter sido "despojado de sua inocência" em tão tenra idade e transformado em vítima de uma psicanálise.

Porém, nenhum desses receios se concretizou. O pequeno Hans era agora um imponente jovem de dezenove anos. Afirmava sentir-se muito bem e não padecer de quaisquer moléstias ou inibições. Ele não só passara sem danos pela puberdade, mas também suportara bem uma das mais difíceis provas de resistência para sua vida emocional. Seus pais haviam se separado e cada um deles contraíra um novo matrimônio. Em razão disso, ele vivia sozinho, mas se dava bem com ambos os pais e só lamentava que devido à dissolução da família houvesse sido separado de sua querida irmã mais nova.

Uma informação do pequeno Hans foi especialmente notável para mim. Também não me atrevo a dar-lhe uma explicação. Quando leu sua história clínica, contou ele, tudo lhe parecera estranho, ele não se reconhecia, não conseguia se recordar de nada, e só quando topou com a viagem a Gmunden veio-lhe algo como um vislumbre de lembrança de que aquele podia ter sido ele próprio. Ou seja, a análise não havia preservado o acontecimento da amnésia, mas ela própria sucumbiu à amnésia. Algo parecido acontece às vezes durante o sono com quem está familiarizado com a psicanálise. A pessoa é despertada por um sonho, decide analisá-lo sem demora, volta a adormecer, contente com o resultado de seu esforço, e, na manhã seguinte, o sonho e a análise foram esquecidos.

Bibliografia[27]

Abraham, K. *Traum und Mythos* [Sonho e mito]. Viena, 1909. (159)

Adler, A. "Der Agressionstrieb im Leben und in der Neurose" ["O impulso agressivo na vida e na neurose"]. In: *Fortschr. Med.*, v. 26, p. 577, 1908. (168, 205)

Alexander, F. "Kastrationskomplex und Charakter" ["Complexo de castração e caráter"]. In: *Int. Z. Psychoanal.*, v. 8, p. 121, 1922. (42)

Andreas-Salomé, Lou. "'Anal' und 'Sexual'" ["'Anal' e 'sexual'"]. In: *Imago*, v. 4, p. 249, 1916. (42)

Bell, J. Sanford. "A Preliminary Study of the Emotion of Love between the Sexes" ["Um estudo preliminar da emoção do amor entre os sexos"]. In: *Am. J. Psychol.*, v. 13, p. 325, 1902. (208)

Freud, S. *Die Traumdeutung. Gesammelte Werke*, vol. 2-3; *Studienausgabe*, v. 2, 1900 a. [*A interpretação dos sonhos*. Trad. Renato Zwick. Porto Alegre: L&PM, 2012.] (42, 46, 59, 173, 176, 181)

_____. *Drei Abhandlungen zur Sexualtheorie* [*Três ensaios de teoria sexual*]. GW, v. 5, p. 29; SA, v. 5, p. 37, 1905 d. (40, 162, 172-3)

---

27. Os números entre parênteses ao final de cada entrada indicam a(s) página(s) em que a obra é mencionada neste livro; no caso de Freud, seus textos aparecem ordenados cronologicamente. (N.T.)

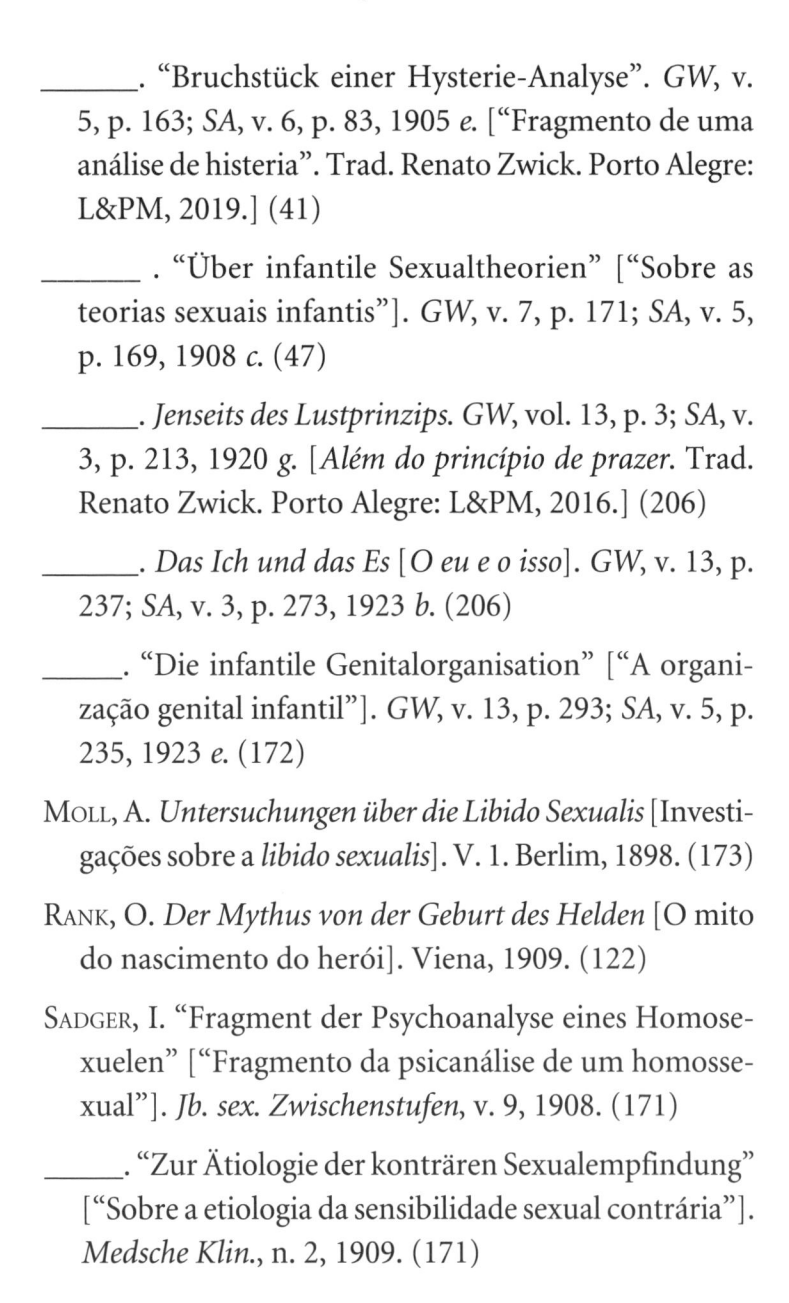

_____. "Bruchstück einer Hysterie-Analyse". *GW*, v. 5, p. 163; *SA*, v. 6, p. 83, 1905 *e*. ["Fragmento de uma análise de histeria". Trad. Renato Zwick. Porto Alegre: L&PM, 2019.] (41)

_____. "Über infantile Sexualtheorien" ["Sobre as teorias sexuais infantis"]. *GW*, v. 7, p. 171; *SA*, v. 5, p. 169, 1908 *c*. (47)

_____. *Jenseits des Lustprinzips*. *GW*, vol. 13, p. 3; *SA*, v. 3, p. 213, 1920 *g*. [*Além do princípio de prazer*. Trad. Renato Zwick. Porto Alegre: L&PM, 2016.] (206)

_____. *Das Ich und das Es* [*O eu e o isso*]. *GW*, v. 13, p. 237; *SA*, v. 3, p. 273, 1923 *b*. (206)

_____. "Die infantile Genitalorganisation" ["A organização genital infantil"]. *GW*, v. 13, p. 293; *SA*, v. 5, p. 235, 1923 *e*. (172)

MOLL, A. *Untersuchungen über die Libido Sexualis* [Investigações sobre a *libido sexualis*]. V. 1. Berlim, 1898. (173)

RANK, O. *Der Mythus von der Geburt des Helden* [O mito do nascimento do herói]. Viena, 1909. (122)

SADGER, I. "Fragment der Psychoanalyse eines Homosexuelen" ["Fragmento da psicanálise de um homossexual"]. *Jb. sex. Zwischenstufen*, v. 9, 1908. (171)

_____. "Zur Ätiologie der konträren Sexualempfindung" ["Sobre a etiologia da sensibilidade sexual contrária"]. *Medsche Klin.*, n. 2, 1909. (171)

STÄRCKE, A. "Der Kastrationskomplex" ["O complexo de castração"]. *Int. Z. Psychoanal.*, v. 7, p. 9, 1921. (42)

STEKEL, W. *Nervöse Angstzustände und ihre Behandlung* [Estados nervosos de angústia e seu tratamento]. Viena, 1908. (178)

WEININGER, O. *Geschlecht und Charakter* [Sexo e caráter]. Viena, 1903. (79)

COLABORADORES DESTA EDIÇÃO

RENATO ZWICK é bacharel em filosofia pela Unijuí e mestre em letras (língua e literatura alemã) pela USP. É tradutor de Nietzsche (*O anticristo*, L&PM, 2008; *Crepúsculo dos ídolos*, L&PM, 2009; e *Além do bem e do mal*, L&PM, 2008), de Rilke (*Os cadernos de Malte Laurids Brigge*, L&PM, 2009), de Freud (*O futuro de uma ilusão*, 2010; *O mal-estar na cultura*, 2010; *A interpretação dos sonhos*, 2012; *Totem e tabu*, 2013; *Psicologia das massas e análise do eu*, 2013; *Compêndio de psicanálise*, 2014; *Além do princípio de prazer*, 2016; *Inibição, sintoma e medo*, 2016; *Sobre a psicopatologia da vida cotidiana*, 2018; *Da história de uma neurose infantil* [O Homem dos Lobos], 2018; *Fragmentos de uma análise de histeria* [O caso Dora], 2019, todos publicados pela L&PM Editores) e de Karl Kraus (*Aforismos*, Arquipélago, 2010), e cotradutor de Thomas Mann (*Ouvintes alemães!: discursos contra Hitler (1940-1945)*, Jorge Zahar, 2009) e Jens Peter Jacobsen (*Mogens e outros contos*, autopublicação, 2021).

NOEMI MORITZ KON é psicanalista, membro do Departamento de Psicanálise do Instituto Sedes Sapientiae, mestre e doutora em psicologia social pelo Instituto de Psicologia da USP e autora de *Freud e seu duplo: reflexões entre psicanálise e arte* (Edusp/Fapesp, 1996/2015); *A viagem: da literatura à psicanálise* (Companhia das Letras, 2003), organizadora de *125 contos de Guy de Maupassant* (Companhia das Letras, 2009) e coorganizadora de *O racismo e o negro no Brasil: questões para a psicanálise* (Perspectiva, 2017). É participante do grupo de pesquisa e trabalho Psicanalista atentas(os) às relações raciais, do Instituto AMMA Psique e Negritude.

THIAGO P. MAJOLO é psicanalista e mestre em história social pela USP. É membro do Departamento de Psicanálise do Instituto Sedes Sapientiae e membro da comissão de debates da *Revista Percurso*. Sócio-fundador da empresa Ação & Contexto, pela qual foi curador de exposições e autor de livros e coordenador de trabalhos com História Oral. É participante do grupo de pesquisa e trabalho Psicanalista atentas(os) às relações raciais, do Instituto AMMA Psique e Negritude.

EDSON SOUSA é psicanalista, membro da Associação Psicanalítica de Porto Alegre. É formado em psicologia pela PUC-RS, com mestrado e doutorado pela Universidade de Paris VII, e pós-doutorado pela Universidade de Paris VII e pela École des Hautes Études en Sciences Sociales de Paris. Pesquisador do CNPq, leciona como professor titular do Departamento de Psicanálise e Psicopatologia e no Pós-graduação em Psicanálise: Clínica e Cultura da UFRGS, onde também coordena, com Maria Cristina Poli, o Laboratório de Pesquisa em Psicanálise, Arte e Política. É autor de *Freud* (Abril, 2005), *Uma invenção da utopia* (Lumme, 2007) e *Sigmund Freud* (com Paulo

Endo; L&PM, 2009), além de organizador de *Psicanálise e colonização* (Artes e Ofícios, 1999) e *A invenção da vida* (com Elida Tessler e Abrão Slavutzky; Artes e Ofícios, 2001).

PAULO ENDO é psicanalista e professor do Instituto de Psicologia da USP, com mestrado pela PUC-SP, doutorado pela USP e pós-doutorado pelo Centro Brasileiro de Análise e Planejamento/CAPES. É pesquisador-colaborador do Laboratório de Pesquisa em Psicanálise, Arte e Política da UFRGS e do Laboratório Interdisciplinar de Pesquisa e Intervenção Social da PUC-Rio. É autor de *A violência no coração da cidade* (Escuta/Fapesp, 2005; prêmio Jabuti 2006) e *Sigmund Freud* (com Edson Sousa; L&PM, 2009), e organizador de *Novas contribuições metapsicológicas à clínica psicanalítica* (Cabral Editora, 2003).